Ebersdorfer Lebensläufe

aus dem Archiv
der Herrnhuter Brüdergemeine in Ebersdorf

Band 3

zusammengestellt, bearbeitet und herausgegeben

von

Heinz-Dieter Fiedler

© 2022 Heinz-Dieter Fiedler
Herstellung und Verlag: BoD – Books on Demand, Norderstedt.
ISBN: 9783756202010

Inhalt:

Vorwort

Eine schöne Tradition der Herrnhuter Brüdergemeine ist bis
heute erhalten geblieben: Das Verfassen eines Lebenslaufs für
alle Mitglieder dieser Gemeinschaft. Der – möglichst zu Lebzeiten
selbst geschriebene - Lebenslauf steht im Mittelpunkt der
Begräbnisfeier und wird anschließend im Archiv aufbewahrt. Da
diese Tradition schon in den Anfangszeiten der Brüdergemeine
begründet wurde, gibt es heute im Unitäts-Archiv in Herrnhut
eine Sammlung von etwa 30000 Lebensläufen. Die einzelnen
Gemeinen besitzen zum Teil eigene Archive. Im Ebersdorfer
Archiv finden sich etwa 1300 Lebensläufe der in Ebersdorf
verstorbenen Brüder und Schwestern. Die ältesten sind von
1750.
In früheren Jahrhunderten wurde gewöhnlich nur das Leben
gekrönter Häupter und anderer bedeutender Persönlichkeiten
schriftlich festgehalten. Die brüderischen Lebensläufe erhalten
dadurch eine besondere Bedeutung, weil in ihnen die Lebenswege
von vorwiegend einfachen Menschen, Männern ebenso wie
Frauen, dargestellt sind. Aus diesem Grund wurden diese
Lebensläufe schon mehrfach zum Gegenstand wissenschaftlicher
Untersuchungen und in verschiedenen Medien publiziert. In den
Periodika der Brüdergemeine (z. B. „Nachrichten aus der
Brüdergemeine") werden seit etwa 200 Jahren regelmäßig
ausgewählte Lebensbilder gedruckt. Zwischen 1818 und 1941
wurden auf diesem Wege etwa 1500 Lebensläufe veröffentlicht. In
neuerer Zeit wurden von Dietrich Meyer zwei Sammelbände mit
interessanten Lebensläufen herausgegeben.[1] Wissenschaftliche

---

[1] Meyer, D.: Lebensbilder aus der Brüdergemeine, Gustav Winter
Herrnhut, 2007 und 2014

Untersuchungen finden sich z. B. bei Christine Lost[2] und Stephanie Bös[3].

Die Ebersdorfer Bestände an Lebensläufen wurden in ihrer Gesamtheit bisher noch nicht erforscht. Lediglich zu bestimmten Themen wurde selektiv recherchiert (z. B. DDR-Geschichte). Seit einigen Jahren gibt es im Comeniuszentrum Ebersdorf eine Veranstaltungsreihe „Wir lesen Lebensläufe". An die Lesung schließen sich oft interessante Gespräche an und gelegentlich wird von Teilnehmern der Wunsch geäußert, einen Lebenslauf in schriftlicher Form zu besitzen.

Daraus entstand der Gedanke, die „Ebersdorfer Lebensläufe" auch gedruckt herauszugeben. 2017 und 2018 erschienen die ersten beiden Sammelbände, denen nunmehr ein dritter folgt.

Die bisher anderenorts veröffentlichten brüderischen Lebensläufe wurden meist gezielt ausgewählt: nach der Bedeutung des Verfassers und des Inhaltes oder nach wissenschaftlichen Gesichtspunkten. Diese Zielstellung verfolgen wir hier nicht. Das Besondere an der brüderischen Lebenslauf-Sammlung ist ja gerade, dass ganz gewöhnliche einfache Menschen aus unterschiedlichen sozialen Schichten zu Wort kommen. Es gibt lange und kurze Lebensläufe, von gebildeten und ungebildeten Menschen verfasst. Manche Verfasser haben viel erlebt. Sie sind z. B. als Missionare bis ans Ende der Welt gereist und können entsprechend viel berichten. Andere, z. B. viele der ledigen Schwestern, haben ihr ganzes Leben in der Abgeschiedenheit des Schwesternhauses verbracht. Ihre Lebensläufe fallen meist kürzer aus und beschreiben vor allem ihre Glaubensentwicklung.

Um dieser Vielfältigkeit der Lebensgeschichten gerecht zu werden, erfolgt für dieses Buch, wie auch für die Leseabende im

---

[2] Lost, C.: Das Leben als Lehrtext, Lebensläufe aus der Herrnhuter Brüdergemeine, Herrnhuter Verlag 2007
[3] Bös, S.: Gottesacker-Geschichten als Gedächtnis. Eine Ethnographie zur Herrnhuter Erinnerungskultur am Beispiel der Neudietendorfer Lebensläufe. Waxmann Verlag, 2016

Comeniuszentrum, keine gezielte Auswahl der Texte. Es wird lediglich angestrebt, dass sowohl beide Geschlechter, als auch die unterschiedlichen Zeitepochen einigermaßen gleich vertreten sind.

Bei den Leseabenden hat sich gezeigt, dass die Zuhörer aus ganz unterschiedlichen Gründen Freude an den Lebensläufen haben: Für manche sind die Lebensverhältnisse in früheren Zeiten und die oft schweren Schicksale der Menschen besonders eindrücklich. Andere Hörer erfreuen sich an authentischen Einblicken in die Zeitgeschichte, gelegentlich auch in die Ortsgeschichte. Andere genießen die altertümliche Sprache und manch einem dienen die Lebensläufe als Stärkung für den eigenen Glauben.

Das Ziel dieser Veröffentlichung ist erreicht, wenn auch der Leser einen ähnlichen Gewinn daraus zieht.

Einführung: Die „Herrnhuter"

Die Anfänge der Brüdergemeine reichen in das 15. Jahrhundert zurück und gründen sich auf den tschechischen Reformator Jan Hus. Als dieser 1415 in Konstanz sein Leben für seine Glaubensüberzeugungen lassen musste, begannen große Unruhen in Böhmen und Mähren, die zu den Hussitenkriegen 1419 bis 1434 führten. Große Teile des Volkes trennten sich zunächst von der katholischen Kirche, bevor es dann doch wieder zu einem Kompromiss mit Rom kam. Lediglich eine kleine Gruppe, die sowohl die kriegerische Gewalt der Radikalen als auch die Einigung mit Rom ablehnte, zog sich in die Wälder Ostböhmens zurück, um in einer Gemeinschaft ganz nach dem Evangelium zu leben. Als Geburtsstunde der „Unitas Fratrum", der „Gemeinschaft von Brüdern", gilt der 1. März 1457. Die Brüder-Unität breitete sich rasch aus und zählte Anfang des 16. Jahrhunderts in Böhmen und Mähren etwa 100 000 Mitglieder. Die Bibel wurde ins Tschechische übersetzt, eine vorbildliche Gemeindeordnung wurde entwickelt, und es entstanden viele Lieder, die zum Teil heute noch gesungen werden. Im Zuge der Gegenreformation wurde die Brüder-Unität dann nahezu ausgelöscht; wenige Familien hielten sich im Stillen noch zu ihr, viele waren geflohen, vor allem nach Polen und Ungarn. Der letzte Bischof der Böhmischen Brüder, der vor allem als Pädagoge berühmte Johann Amos Comenius (1592-1670) bemühte sich vergeblich um die gleichberechtigte Anerkennung der Brüder-Unität im Westfälischen Frieden.

Erst Anfang des 18. Jahrhunderts eröffnete sich für einen Teil der heimlich Evangelischen in Böhmen und Mähren der Weg zu einem Neuanfang. Unter dem Einfluss des deutschen Pietismus wanderten kleine Gruppen aus und fanden in Sachsen und Preußen eine neue Heimat. Einige siedelten sich auf einem Landgut des jungen Grafen Nikolaus Ludwig von Zinzendorf an.

1722 wurde der erste Baum zum Anlegen einer Siedlung nahe
Berthelsdorf in der Oberlausitz gefällt. Dieser Ort erhielt den
Namen Herrnhut, denn die Bewohner wollten sich bewusst „unter
des Herrn Hut" stellen. In wenigen Jahren entstand eine
Siedlung, die unter der inspirierenden Leitung des Grafen
Zinzendorf stand und zu einer geistlichen Gemeinschaft
zusammenwuchs, in der man Glauben und Alltagsleben
miteinander verband. Auch Gläubige aus deutschen und anderen
europäischen Ländern, die im Konflikt mit ihren Kirchen
standen, suchten in Herrnhut eine neue geistliche Heimat. Als
eigentlicher Beginn dieser „Erneuerten Brüder-Unität" gilt der 13.
August 1727. Nachdem die tiefgreifenden Spannungen unter den
Siedlern beigelegt werden konnten, wurde bei einer
Abendmahlsfeier in der Kirche in Berthelsdorf die geistliche
Einheit in überwältigender Weise erlebt. Die Orts-Satzung, die
man sich gab, orientierte sich weitgehend an den Statuten der
Unitas Fratrum. Die Zahl der Mitglieder wuchs in den darauf
folgenden Jahren auf einige Hundert. Es entstanden weitere
Ansiedlungen in Deutschland und anderen europäischen
Ländern. Weltweit bekannt wurden die Herrnhuter durch ihre
Missionstätigkeit. Bereits 1732 gingen die beiden ersten
Missionare aus Herrnhut auf die Karibikinsel St. Thomas.
Weitere Sendboten folgten innerhalb weniger Jahre nach
Grönland, Südafrika und Surinam in Südamerika. Herrnhuter
Missionare waren mit unterschiedlichem Erfolg auf allen fünf
Erdteilen tätig und machten die Brüdergemeine zu einer
weltweiten Kirche.
Nikolaus Ludwig Graf von Zinzendorf, der schon als Jugendlicher
beschlossen hatte, sein Leben ganz in den Dienst Jesus Christus'
zu stellen, fand in der Herrnhuter Brüdergemeine seine
Lebensaufgabe und prägte diese Glaubensgemeinschaft
maßgeblich. Er nahm große persönliche Entbehrungen auf sich,
wurde angefeindet und zeitweise aus Sachsen verbannt. In dieser
Zeit zog er mit seinen Getreuen, der „Pilgergemeine", durch
Deutschland und Europa.

Heute sind die Herrnhuter eine ganz „normale" evangelische Freikirche. Viele der Besonderheiten und das meiste der typischen Lebensform aus den Anfangsjahren sind verloren gegangen. Die Gemeinschaft ist unter dem Namen „Evangelische Brüdergemeine", aber auch als „Herrnhuter Brüdergemeine", „Mährische Kirche" oder „Moravian Church" bekannt. Die in den Gründungsjahren übliche Schreibweise „Gemeine" – ohne „d" – ist heute Bestandteil des amtlichen Namens, im allgemeinen Sprachgebrauch sind beide Formen anzutreffen.

Für das Verständnis der Lebensläufe sind einige Erläuterungen nützlich:

Männer und Frauen der Gemeine werden Brüder und Schwestern genannt, ohne dass damit ein besonderer geistlicher Stand verbunden ist. „Bruder" und „Schwester" ist auch die heute noch übliche Anrede, gewöhnlich in Verbindung mit dem Familiennamen. In der Schriftform verwendet man meist die Abkürzungen Br. und Schw. Mehrere Mitglieder der Gemeine unterschiedlichen Geschlechts bezeichnet man als Geschwister (Geschw.), auch wenn es sich um ein Ehepaar handelt. (Mit Geschwister Meiers ist also gewöhnlich das Ehepaar Meier gemeint.)

Eine typische Besonderheit der Brüdergemeine ist die Einteilung der Gemein-Mitglieder in die sogenannten „Chöre". („das Chor" – als Bezeichnung für eine Gruppe Personen mit ähnlichen Bedingungen und Interessen.)

Diese Einteilung gibt es heute noch, sie war früher aber noch sehr viel ausgeprägter. In der Brüdergemeine richtet sich die Chorzugehörigkeit nach Geschlecht, Alter und Familienstand. Es gibt also das Chor der ledigen Schwestern (alle unverheirateten Frauen), das Chor der ledigen Brüder (alle unverheirateten Männer), das Ehechor (verheiratete Männer und Frauen), das Witwenchor und das Witwerchor. Die Kinder und Jugendlichen wurden früher, als es sie noch in größerer Anzahl gab, außer nach dem Geschlecht auch nach dem Alter einem entsprechenden Chor zugeordnet: Knäblein, Knaben, Jünglinge, Mädchen, große Mädchen, Jungfern. Der Gedanke, der dahinter steckt, ist, dass sich Menschen mit ähnlichen Lebensumständen auch am besten verstehen und sich Beistand in weltlichen und geistlichen Dingen geben können. Die Chöre wurden jeweils von einem Chor-Helfer oder einer Chor-Helferin betreut. Die Leitung der Gemeine oder eines Chores war keine abgehobene Stellung. Man blieb stets „Bruder unter Brüdern" bzw. „Schwester unter Schwestern". Das kommt auch in den Bezeichnungen „Helfer", „Diener" oder „Arbeiter" zum Ausdruck.

Die einzelnen Chöre führten früher ein weitestgehend in sich geschlossenes Leben. Sie bildeten eine geistliche Gemeinschaft und einige Chöre auch eine selbständige wirtschaftliche Einheit. So lebten, wohnten und arbeiteten die unverheirateten Männer und Frauen jeweils in eigenen Häusern: dem Brüderhaus und dem Schwesternhaus. Auch die Witwen lebten separat im Witwenhaus. Das Leben im Chorhaus war durch Arbeit und die täglichen Versammlungen geregelt. Die Brüder waren meistens Handwerker. Die Schwestern verdienten sich ihren Lebensunterhalt hauptsächlich mit Handarbeiten: Spinnen, Weben, Stricken, Sticken...

Bei den Herrnhutern war es über lange Zeit üblich, alle wichtigen Entscheidungen - insbesondere solche, deren Ausgang nicht vorhersehbar war – durch das Los zu treffen, in der Überzeugung, dass Gott auf diese Weise unmittelbar Einfluss nehmen kann. Das Los wurde vor allem bei Personalentscheidungen zu Rate gezogen: Besetzung von Ämtern, Eheschließungen, Aussendung von Missionaren usw. Auch die in den Lebensläufen häufig erwähnte Aufnahme in die Gemeine und die erstmalige Zulassung zum Abendmahl wurden durch das Los entschieden. Bei negativem Ausgang konnte in diesen Fällen aber in entsprechenden zeitlichen Abständen die Losbefragung mehrmals wiederholt werden. Deshalb mussten manche Brüder und

Schwestern solange auf die Aufnahme bzw. das erste Abendmahl warten.

Die Wegweisung durch das Los spielte über lange Zeit auch für persönliche Entscheidungen eine wichtige Rolle. Man schlug sich selbst ein Los, indem man z. B. einen durch zufälliges Aufschlagen der Bibel erhaltenen Text entsprechend interpretierte. Eine große Bedeutung wurden auch die mit einem persönlichen Ereignis verbundenen Texte aus dem Losungsbuch der Brüdergemeine zugemessen. Diese in den Lebensläufen häufig erwähnten (Herrnhuter) Losungen gibt es auch heute noch. Sie werden seit 1731 ohne Unterbrechung heraus gegeben, inzwischen in Millionenauflage und in 50 Sprachen übersetzt. Das Losungsbuch enthält für jeden Tag des Jahres ein ausgelostes Wort aus dem Alten Testament, ergänzt durch ein Wort aus dem Neuen Testament und einen Liedvers oder ein Gebet.

In den frühen Lebensläufen finden sich oft recht schwärmerische Bezeichnungen für Jesus: „mein bester Freund", "Geliebter", „Herzens-Bräutigam", „mein Mann". Das entspricht den Gepflogenheiten der damaligen Zeit, zeigt aber auch das innige Verhältnis zum Heiland.

Wenn vom „Heimgehen" oder dem „Heimgang" die Rede ist, so ist damit das Sterben gemeint, das für einen gläubigen Christen ja nicht das Ende bedeutet, sondern das Hinübergehen in Gottes Reich, die ewige Heimat.

1. Catharina Margaretha Braunwalt 1695 - 1754

Unsere liebe selig vollendete Schwester Catharina Margaretha Braunwaltin ward geboren in Neustadt an der Aisch, 1695, den 4. Mai, all wo ihr Herr Vater Superintendent gewesen. Nachdem ihr aber ihre Eltern frühzeitig mit Tode abgegangen, so begab sie sich gar bald in herrschaftliche Dienste als Kammerjungfer, und in ihrem letzten Dienst war sie bei der Generalfeldmarschallin von Seckendorff, 14 Jahre, woselbst sie wegen ihres treuen Herzens und Gemüts sehr geliebt wurde, und auf allen ihren Reisen beständig um sie sein musste. Anno 1732 wurde sie in Potsdam in einer Predigt vom Herrn Schubert erweckt, von da sie auch gleich Gelegenheit machte, sich außer Dienste zu begeben und in der Stille für sich zu sein. Indem sie aber von ihrer Herrschaft sehr geliebt war und sie sich gar nicht dazu verstehen wollten, sie von sich zu lassen, und durch allerhand Vorstellungen ihre gefasste Resolution aus ihrem Gemüt zu bringen suchten, bis sie 1738 in Wien wieder aufs Neue vom Heiland ergriffen wurde und abermals die feste Resolution fasste, sich durch keine Vorstellung mehr in Diensten aufhalten zu lassen.

Reiste auch bald darauf von Wien ab und kam nach Hirschberg zu Ihrer Frau Schwester, welche dazumal Hofverwaltern daselbst war. Nachdem sie aber mit etlichen Geschwistern von Ebersdorf bekannt wurde, so kam sie 1739 hierher zur Gemeine und wurde auch noch dieses Jahr ein Mitgenoss des Leichnams und Blutes Jesu. Anno 1743 kriegte sie Arbeit unter den ledigen Schwestern und Kindern. Da 1747 am Jungfernfest den 4. Mai das Matronen-Chor eingerichtet wurde, so kam sie nicht allein unter dasselbe, sondern weil ihr Blutbräutigam ihr ganzes Herz eingenommen, so gab er sie dem Chor zu ihrer Pflegerin, von welchem sie auch sehr zärtlich geliebt wurde und sich bei dem ganzen Chor jederzeit als ein respektables und liebenswürdiges Herz legitimiert hat. Sie war mit ihrem ewigen Blutbräutigam in einer geraden und zärtlichen Connection, dass sein Martertod

und seine Wunden ihre Seele so eingenommen, dass der täglich und stündliche Umgang mit ihm in allen ihrem Tun und Lassen hervor leuchtete und man ihr ansehen und abfühlen konnte, dass ihr Blutbräutigam ihr Herz belebe und man ein Exempel eines in den Martermann verliebtes Jungfräulein an ihr sahe. Der 30. Mai wurde sie krank, bekam ein starkes hitziges Brustfieber, sagte auch gleich den ersten Tag, dass nunmehro die von ihr schon längst erwartete selige Stunde käme, da sie in ihres Bräutigams Herz verrauchen würde. Da sie auf Befragen ihrer lieben Arbeiterin, woran sie es denn so gewiss wüsste, antwortete: Der blutige Heiland ist mir eine Zeit her auf eine so unaussprechliche Weise nahe gewesen, dass ich es nicht aussprechen kann, was ich von ihm genieße und fühle. Er schwebt mir noch jetzt so blutig vor meinem Herzen und Gesicht, dass ich es kaum ausstehen könnte, wenn ich länger hier bleiben sollte. Er müsste mir es denn erst wieder so machen, dass ich gerne da bliebe. Es ist mir aber ganz ausgemacht in meinem Herzen, dass ich nun seine Wunden leibhaftig küssen gehe. Da sie denn auch den 5. dieses Monats früh um 3 Uhr von ihrem Bräutigam den letzten Kuss empfing und ihr Seelchen mit zu sich nahm, da sie unter einer seligen Liturgie, mit zärtlichem Gefühl und vielen Liebesтränlein aller Anwesenden begleitet wurde, obzwar allezeit eine Freude entsteht, wenn eines heimgerufen wird, so wurden doch viele Tränlein von ganzen Chor vergossen indem sie eine treue Pflegemutter gewesen für jedes Herz, mit dem sie Umgang gehabt.
Ihr Sterbensleben hat sie gebracht bis in ihr 60. Jahr.

2. Barbara Margaretha Vollrath 1712 - 1781

Unsere selige Schwester Barbara Margaretha Vollrathin, geborene
Müllerin, hat von ihrem Gang durch diese Zeit selbst folgendes
hinterlassen:
Ich bin geboren den 27. Januar 1712 zu Jena. Meine lieben
Eltern, welche erweckt waren, suchten mich nach ihrer
Erkenntnis für den lieben Gott zu erziehen. Ich fühlte auch öfters
eine Unruhe in meinem Herzen und hatte die Überzeugung, dass
ich nicht auf dem rechten Wege zur Seligkeit wäre, wusste aber
nicht, wo es mir eigentlich fehlte und was ich tun sollte, um die
wahre Ruhe des Herzens zu erlangen. 1733 den 18. Januar
heiratete ich meinen lieben Mann Bernhard Ehrenfried Vollrath,
zog mit demselben erst nach Schmölla, von da nach Hirschberg
und 1740 hierher nach Ebersdorf zur Gemeine, wo ich dasjenige
fand, wonach sich mein Herz sehnte und wofür ich Ihm mit vielen
Tränen dankte.
Im Juli dieses Jahres erhielten wir die Gnade, mit der Gemeine
das erste Mal zum Heiligen Abendmahl zu gehen. Dieses gab mir
einen neuen Eindruck und die Zuversicht, dass der liebe Heiland
uns durch alle Schwierigkeiten helfen würde, welches ich in der
Folge der Zeit gar oft erfahren, und dem lieben Heiland noch jetzt
nicht genug dafür danken kann. Er hat alles wohl gemacht!
Unsere Ehe hat der liebe Heiland mit elf Kindern gesegnet, davon
noch ein Sohn (in unserer Gemeine) und eine Tochter (die
Schwester Hoffmann in Harlem) sich am Leben befinden. Von
letzterer habe ich fünf Enkelchen erlebt, wovon noch ein Sohn
und ein Töchterlein am Leben, und gleichfalls beide hier in der
Gemeine sind. 1778 den 28. April gefiel es dem lieben Heiland,
meinen lieben Mann selig zu sich zu nehmen, worauf ich den 29.
Mai in den Chorbund der Witwen aufgenommen wurde, mit der
schönen Losung: „Die Gläubigen behütete Herr. Dass sie durch
keinen Riss, auf dieser seiner Erden von ihm getrennet werden!"
So schmerzlich mir dieser Vorfall war, so konnte ich doch nicht
anders, als es aus der Hand meines guten und treuen Herrn und

Heilandes anzunehmen, und mich ihm von neuem als meinem ewigen Mann, hingeben. Er hat sich auch als der Freund meiner Seele bisher an mir bewiesen, und mein Wunsch geht einzig und allein dahin, als eine wahre Witwe, die ihre Hoffnung auf Gott stellet, meinen Gang zu gehen, bis es ihm gefallen wird, mich in seinem Arm und Schoss selig zu vollenden, und mich das schauen zu lassen, was mein Herz hier geglaubt.

Soweit sie selbst.

Man kann von unserer seligen Schwester sagen, dass sie die Zeit ihres Witwenstandes als eine Einsame des Herrn, im Umgang mit dem Heiland, auf den sie ihre einzige Hoffnung stellte, selig verbracht hat. Nächst dem war ihr der Umgang und Gemeinschaft ihrer Chorschwestern ein wahres Vergnügen und diente ihr öfters zur Ermunterung. Sie kannte sich als eine wahre Sünderin und stellte sich immer als eine solche dar, die nichts aufzuweisen habe, als Christi Blut und Gerechtigkeit.

Den 3. Juli dieses Jahres zog sie ganz ins Witwenhaus. Sie war ihre Hütte nach zwar schon immer schwächlich, kriegte aber schon zu Ende vorigen Jahres noch einem bedenklichen Zufall am Backen, welcher sich immer verschlimmerte und endlich zu einem incourablen Schaden wurde. Sie selbst sah diesen Zufall gleich an, als eine Gelegenheit zu ihrer seligen Vollendung, welcher sie mit inniger Freude und großem Verlangen entgegen eilte und sich in der Stille vom Heiland dazu zubereiten ließ. Sie hatte Tag und Nacht unbeschreibliche Schmerzen auszustehen, und bewies bei diesen Umständen eine exemplarische Geduld. Sie sagte öfters: Ach, ich habe noch viel mehr verdient, der liebe Heiland wird mir aber gewiss nicht mehr auflegen, als ich tragen kann, sein Herz ist ja viel zu treu gegen mich. Er lasse mir nur den Trost aus seinem Tod ja niemals entfallen, dies ist meine Bitte an ihn. Und so sah man mit Erbarmung und Vergnügen, wie kindlich, wie trostvoll und zuversichtlich sie sich bei diesen schweren Umständen von Krankheit an den Heiland gehalten. Sie bezeugte auch sonderlich ihre große Dankbarkeit dafür, dass sie ganz unter ihren Chorschwestern wohne und sagte: dass es ihr beim Auszug aus ihrem Hause zwar nicht so gewesen, nun sehe sie aber, wie gut es der Heiland auch darin mit ihr gemeint, dass sie nun so ungestört ihre Tage verbringen könne. Sie sehnte sich unbeschreiblich nach ihrer Auflösung und freute sich öfters wie ein Kind, dass sie beim lieben Heiland ihren seligen Mann und so viele ihrer Kinder finden werde. Und die noch lebenden empfahl sie dem lieben Heiland zur ewigen Bewahrung mit recht mütterlichem Herzen. Den 31. Oktober, früh, wurde man eine große Veränderung an ihr gewahr. Als man ihr dieses sagte, freute sie sich ungemein und sagte: es kann vielleicht vor nachts leicht anders werden, als es am frühen Morgen war.

Sie hat wohl ihren so nahen Heimgang, welchen ein schleichendes Fieber des Nachts noch beförderte, noch nicht so bald vermutet. Sie war aber den ganzen Tag ausnehmend vergnügt. Ach, sagte sie, wer seinen Hochzeitstag schon vor sich sieht, der ist um anderes Land nicht mehr bemüht. Mit ihrem Sohne machte sie gegen 5 Uhr einen recht zärtlichen Abschied, empfahl ihm recht angelegentlich, nebst ihren übrigen Kindern, beim Heiland zu bleiben. Der habe sie auch durch ihre ganze Lebenszeit an seiner Hand geleitet und geführt. Nach 6 Uhr abends trat, ihr und uns unvermutet, der von ihr so sehnlich erwartete Moment ihrer Auflösung ein. Es wurde ihr eine Liturgie gehalten, und der Segen der Gemeine und ihres Chors erteilt, unter einem unbeschreiblichen Gefühl des Friedens Gottes, unter welchem ihre Seele sanft und selig in die Arme ihres Heilandes überging, ihres Alters 69 Jahre und 9 Monate.

3. Anna Maria Eva Catherina Sell   1716 –1797

Unsere selige Schwester Anna Maria Sellin, geborene Hohin, ward geboren anno 1716 den 7. Oktober in Helmsgrün, woselbst ihr Vater ein Bauer war. Anno 1740 verheiratete sie sich mit Johann Erhard Sell, damaliger herrschaftlicher Kutscher allhier, und kam demnach hierher nach Ebersdorf. Ihre Ehe wurde von Gott mit sechs Kindern gesegnet, davon noch zwei am Leben. Auch hatte sie die Freude, sieben Enkelkinder zu sehen. Sie hatte sich in ihrem Ehestande an hiesige Gemeine angeschlossen und die Versammlungen besucht, wurde auch auf ihr Verlangen ein Mitglied am Leibe und Blute des Herrn im Heiligen Abendmahl. Anno 1784 im Juli wurde sie Witwe, und blieb, wegen ihrer äußeren Umstände, bei ihren Kindern. Deren Verpflegung sie auch genoss. Die ersten Jahre besuchte sie dann und wann im Witwenhaus, wohnte auch gerne den Gemein-Versammlungen bei, soviel es ihre Umstände erlaubten. Die letzten Jahre aber machten Kränklichkeit und zunehmende Altersschwäche ihr dieses unmöglich, indes gereichte es ihr zu großem Vergnügen, wenn sie zuweilen von einer Schwester besucht wurde, welches vor wenig Wochen auch von ihren Arbeiterinnen geschehen, denen sie bezeugte, dass sie sehr nach ihrer Auflösung verlange, und als eine recht arme Sünderin vor dem Heiland erscheinen werde. Eine besondere Stärkung und Erquickung war ihr, wenn sie mit dem Heiligen Abendmahl bedient wurde. Dieses große Gut, nach dem sie sehr verlangte, wurde ihr den 30. Juli zum letzten Mal gereicht, und sie genoss dasselbe mit hungriger und durstiger Seele.

Den 31. August gegen Abend traf es sich von ungefähr, dass eine Witwe sie besuchen wollte, welche sie eben schon halb im Verscheiden traf. Die Kranke bezeugte noch ausnehmend große Freude, und lallte mit gebrochener Stimme noch in die Verse, die ihr gesungen wurden. Und so verschied sie abends in der achten Stunde. Ihr Alter hat sie gebracht auf 81 Jahre weniger 5 Wochen.

4. Benjamin David Kirchhof 1716 – 1784

Personalia des in Ebersdorf am 3. März 1784 selig
entschlafenden verheirateten Bruders Benjamin David Kirchhof.
Alter 68 Jahre, weniger 17 Tage. September den 6. März

Er hat selbst folgendes aufgesetzt:

Ich bin geboren den 20. März 1716 in Polen in der Stadt
Kunzkolie. Den 8. Tag nach meiner Geburt empfing ich die
Beschneidung und den Namen Benjamin. Im fünften Jahr meines
Alters zogen meine Eltern in die Stadt Petercau, allwo das
Tribunal ist. Nachdem ich 13 Jahre alt war, wurde ich in die
Judengemeine aufgenommen und bekam die zehn Gebote. In
meinem 14. Jahr sollte ich verheiratet werden, da ich aber keine
Lust dazu hatte, so ging ich, als mein Vater nicht zu Hause war,
heimlich davon in eine andere Stadt, allwo ich mein Brot mit
Unterrichtung der Kinder verdiente. In meinem 15. Jahr kam ich
nach Danzig zu einem Juden, wo ich die Kaufmannschaft lernte,
begab mich aber das Jahr drauf von da wieder weg und ging
nach Potolien, wo ich bei einem sehr reichen Juden Schreiber
wurde. Weil ich aber da nicht viel lernen konnte, so machte ich
mich noch in demselben Jahr wieder auf und reiste in mein
Vaterland. In Cracau traf ich welche von meinen Freunden an,
die mich in Liebe aufnahmen. Meines Bleibens war aber auch da
nicht, ich reiste dann so herum, und wusste nicht, was ich
machen sollte. Zu meinem Vater wollte ich nicht wieder gehen,
denn meine Sinne und Gedanken standen nach Deutschland.
Weil aber der Winter einfiel, so begab ich mich auf ein Dorf zu
einem Pächter, und unterrichtete dessen Kinder. Wie ich etliche
Tage daselbst war, so fragten sie mich nach meiner Familie. Ich
wollte mich zwar nicht zu erkennen geben, sie ließen mir aber
keine Ruhe, bis ich es endlich sagen musste, worauf sie
erwiderten: Ihr seid also unser naher Vetter. Euer Vater und
unsere Mutter sind leibliche Geschwister. Da war ich also

verraten. Es währte auch nicht lange, so kam mein Vater und wollte mich abholen. Zu meinem Glück aber war ich nicht zu Hause, sondern in eine nicht weit davon gelegene Stadt gegangen. Als ich wieder auf dem Heimweg war, begegnete mir mein Vater, und sagte mir, dass ich wieder mit ihm nach Hause sollte. Ich sagte: Ja, ich will aber erst meine Sachen bei meinem Herrn holen, dann will ich in die Stadt zu ihm kommen. Dieses glaubte er mir. Wie ich aber nach Hause kam, so nahm ich etwas von meiner Wäsche, machte mich von da weg, und entging also meinem Vater wieder. Ich begab mich zu einem anderen Herrn, nahe bei Schlesien, wo ich ein Jahr blieb. Anno 1735 begab ich mich nach Schlesien zu einem Kaufmann, woselbst ich auch ein Jahr blieb. Anno 1736 reiste ich nach Deutschland, Holland, Dänemark, Schweden, und von da wieder zurück nach Berlin, wo ich mich eine Meile von der Stadt zu einem Oberamtmann begab, und das Branntweinbrennen daselbst erlernte. Nachdem ich ein halbes Jahr daselbst war, so kam ich nach Steinhepel, 3 Meilen von Frankfurt an der Oder zu einer Witwe, wo ich das Branntwein-Brauen fortsetzte und den Sommer über da blieb. Von da aus ging ich nach Breslau, wo ich einer Witwe ein neues Branntwein-Brauhaus anlegte. Weil ich aber mit derselben nicht übereinstimmen konnte, so geriet ich in einen Prozess mit ihr. Zu der Zeit kam mein Vetter aus Polen zu mir, welchen ich nach Sachsen und zwar nach Drehne zu dem seligen Grafen Balthasar von Promnitz schickte, bis ich meine Sachen zustande gebracht hatte. Sodann ging ich auch dahin, und nachdem wir eine Zeit lang beisammen waren, so vertraute er mir, warum er von Hause weggegangen sei, und sagte: Ich war Bräutigam, und wurde sehr krank. Da erschien mir Jesus im Traum und sagte: Wenn du nicht an mich glaubst, so gehst du verloren. Darauf schrie ich mit lauter Stimme: Jesus, du Sohn Davids, erbarme Dich mein! Ich bin verloren. Dieses hörte mein Vater, erschrak darüber und wollte mich mit einem Schermesser umbringen. Weil es aber bei Tage und mehr Juden da waren, so hielten sie ihn davon ab, und sagten: er sollte das nicht tun. Wenn es heraus käme, so würden sie alle verjagt, und ich müsste auch sterben. Man sollte mich liegen lassen, ein böser Geist sei über mich gekommen. Wenn ich wieder gesund würde, so wollten sie mich wegschaffen, und mein Vetter beschloss aber in seinem Herzen, sobald er wieder gesund würde, sich fort zu machen.

Diese Erzählung rührte mein Herz, und erregte in mir das Nachdenken, ob es wahr sei oder nicht. Ich wurde sehr unruhig in meinem Herzen, konnte mich aber nicht entschließen, mich taufen zu lassen. Da ich die Verdorbenheit der Christen sah, dass sie nicht besser, ja oft noch schlechter als die Juden sind. Anno 1737 beredete ich meinen Vetter, noch einmal mit mir auf der Juden Ostern zu reisen. Wir gingen dann auch miteinander hin. Den ersten Feiertag gingen wir in die Schule, da wurden die Juden schlüssig, meinen Vetter von der Gemeine auszuschließen, welches auch geschah, weil sie merkten, dass er etwas anderes suchte. Von mir aber wussten sie nicht, dass ich auch mit dergleichen Gedanken umging. Sobald Ostern vorbei war, gingen wir wieder nach Hause. Mein Vetter entschloss sich, sich taufen zu lassen, und ging von mir ab nach Lieben zum General-Superintendenten, wo er sich zur Taufe meldete. Ich war deswegen nicht mit ihm zufrieden, meine Unruhe aber wurde immer größer, daher ich mich entschloss, unter die Soldaten zu gehen, da just die sächsischen Soldaten zum Türkenkrieg nach Ungarn gingen, um damit die Unruhe meines Herzens zu vertreiben. Ich war kaum 14 Tage mitgegangen, so wurde ich Fourier bei einer Kompanie, deren Hauptmann katholisch war, und mir sehr oft zuredete, dass ich mich sollte taufen lassen. Ich wollte aber nicht. Wie wir nach Pest in Ungarn kamen, wurde ich sehr krank und weil meine Kompanie nicht auf mich warten konnte, so blieb ich allda liegen und mir wurde klar, dass ich nicht wieder mitgehen sollte. Ich bat den lieben Gott, dass er mich wieder gesund machen und nach Sachsen bringen sollte, da wollte ich mich gewiss bekehren. - Soweit sein eigener Aufsatz.

Er kam glücklich wieder aus Ungarn nach Deutschland, vergaß aber sein Versprechen, sich zu bekehren, und begab sich in eine Mühle, das Mahlen zu lernen. Dann wieder zu einem Herrn als Koch, und darauf bald hier bald da in Branntwein-Brennereien, bis endlich die Unruhe seines Herzens so groß wurde, dass er resolvierte, sich taufen zu lassen, welches dann auch anno 1739 am 8. Januar in Leipzig geschah, wobei er die Namen Friedrich Benedictus bekam. Seine Paten fanden vor gut, ihn studieren zu lassen, und weil er nun Bücher und sonderlich eine griechische Bibel haben musste, so sagte ihm ein Jude, das am schwarzen Brett eine solche Bibel zum Verkauf angeschrieben wäre. Er wollte ihn in das Haus bringen, wo sie zu haben wäre. Er ging mit hin, und es waren die 2 Brüder von Marschall und Fritsche, die die Bibel hatten. Weil diese nun gestern bei seiner Taufe gewesen waren, so gratulierten sie ihm dazu, mit dem Wunsch, dass er das Blut Christi, mit welchem er getauft worden, lebendig an seinem Herzen erfahren möchte. Das ging ihm durchs Herz und er dachte, das hat mir noch niemand so gesagt, das müssen andere Leute sein. Er bat sich aus, sie morgen wieder zu besuchen, und als er hinkam, redeten sie vieles vom Heiland mit ihm, und dass ihm die Taufe allein nicht helfen würde, wenn er sich nicht von ganzem Herzen bekehrte. Seine Paten sagten ihm auch, dass er sich ein paar fromme Studenten zur Information aussuchen sollte. Er begab sich danach zu den benannten Brüdern in die Information, und kam in genaue Bekanntschaft mit ihnen, ohne zu wissen, dass eine Brüdergemeine in der Welt sei, wovon sie ihm auch nichts sagten, bis ein Bruder von Herrnhut dahin kam. Dieser erzählte ihm, dass daselbst lauter solche Leute wohnten, da es ihm dann gleich in seinem Herzen ausgemacht war: zu dem Volke gehöre ich. Er reiste darauf mit dem Bruder von Marschall nach Herrnhut, kam am 28. März 1739 daselbst an, kriegte bald Erlaubnis zur Dableiben, wurde den 15. Oktober 1740 in die Gemeine aufgenommen und gelangte am 21. Januar 1741 zum erstmaligen Genuss des Leibes und Blutes Jesu im Heiligen Abendmahl. Der liebe Heiland ließ ihn sein tiefes Elend und Verderben gründlich fühlen, aber auch den Trost aus Seinen Wunden. Er wurde ein Kind der Gnade und genoss viele Segen im Brüder-Chor, davon er oft nicht genug zu erzählen wusste. Anno 1742 kam er nach Marienborn, diente daselbst in der Ökonomie und war Hausdiener bei den ledigen Brüdern, wohnte auch anno 1743 dem Synodo in Schlesien bei. Anno 1746 den 6. Februar trat er mit der nunmehrigen Witwe in die Ehe. Seitdem diente er teils in Holland, teils in England auf verschiedene Weise, war darauf in den Jahren 1747 bis 1756 teils in Herrnhut, teils im Barby und auf Herrschaftlichen Gütern, bis er anno 1757 nebst seiner Frau einen Besuch nach Polen bis an die türkische Grenze machte, um unter den Juden mit dem Evangelio von Jesu Christo Eingang zu finden. Anno 1763 kam er hierher nach Ebersdorf und diente in den ersten Jahren teils in der Herrschaftlichen Branntweinbrennerei, teils suchte er sonst Beschäftigung, bis es seine Kräfte nicht mehr zuließen. Zuletzt verbrachte er seine Zeit mit Lesung der Gemein-Schriften und -Nachrichten, und der Bibel, welche er vielmal durchgelesen hat. Wenn er nicht in die Versammlungen gehen konnte, so hielt er zu Hause seine Liturgie, oder las eine Rede des seligen Jüngers. So vergaß er auch nie, freitags das Lied: Oh Haupt voll Blut und Wunden ... zu singen, und sagte oft: Das ist mein liebstes Lied, man soll mir bei meinem Begräbnis daraus singen. Den Sabbat hielt er sehr pünktlich. Seine liebe Frau fand ihn oft auf den Knien liegen, und sein Herz vor Gott ausschütten. Seine unruhige Gemütsart war wohl für andere beschwerlich, die mit ihm umzugehen hatten, allein unser Herr, der mit Petro Geduld hatte, und ihn zur Ruhe brachte, hatte auch das Herz unseres seligen Bruders in der Gewalt, ihn balde zur Erkenntnis seiner Abweichungen zu bringen. Seine Krankheit nahm immer mehr zu, und war sehr beschwerlich und schmerzhaft. Seit zehn Wochen musste er an einem auszehrenden Fieber meist darnieder liegen, und viel ausstehen, besonders des Nachts. Es wurde ihn auch vor Schwäche und Schmerzen oft die Stimme schwach. Wenn man ihm aber vom Heiland vorsagte oder Verse vorbetete, so kam er wieder zu sich, er redete auch in der Fantasie oft mit dem lieben Heiland. Einige Tage vor seinem Verscheiden hielt er sich selber eine Sterbe-Liturgie, und sang viele Verse mit lauter Stimme, man verstand aber nicht viel davon, als diesen Vers: Auf, freu mich, dass ich bleibe, an dem Leibe meiner Liebe, eine lebendige Riebe. Er freute sich sehr, wenn ihn Brüder besuchen kamen. Er sehnte sich, aufgelöst zu sein, und bat den Heiland oft, dass sein letztes Stündlein doch bald kommen möchte, welches auch den 3. März früh ein halb 7 Uhr erfolgte, da er sanft erblasste, im 68. Jahr seines Alters.

In seiner 38-jährige Ehe ist er mit zwei Söhnen gesegnet worden, davon der eine zeitlich heimgegangen, und der andere sich in Gnadenfeld in Oberschlesien befindet.

5. Jakob Friedrich Kempf 1719-1795

Unser am 18. September 1795 selig entschlafener Bruder Jakob Friedrich Kempf hat von seinem Lebenslauf folgende schriftliche Nachricht hinterlassen.

Ich bin geboren den 25. Juli 1719 zu Zwönitz im Erzgebirge. Meine Eltern suchten mich in der evangelisch-lutherischen Religion nach ihrer Erkenntnis gottesfürchtig zu erziehen, welches auch einen guten Eindruck auf mein Herz machte. Nachdem ich konfirmiert war, erlernte ich die Schuhmacher-Profession, und ging nach vollendeten Lehrjahren anno 1739 auf die Wanderschaft. Ich kam zuerst nach Magdeburg. Hier wurde ich mit verschiedenen Leuten bekannt, welche die Versammlungen des seligen Abt Steinmetz in Klosterbergen besuchten, und kam durch die Unterredungen mit ihnen zum gründlichen Nachdenken über mich. Ich erkannte meinen sündigen Zustand und wurde um meine Seligkeit bekümmert. Da sie mich aber aufs Kämpfen und Streiten gegen die Sünde wiesen und mir nur immer das Gesetz vorhielten, so sah ich keine Möglichkeit der Sünde los zu werden, ich wurde desto mehr gewahr, dass ich ein Sklave der Sünde sei. Ich dachte endlich, wenn ich aufs Krankenbett kommen würde, dann will ich mich bekehren, und ging wieder meinen alten Gang. Es blieb aber doch eine beständige Unruhe und Anforderung in meinem Herzen mich zu bekehren, und diese Verlegenheit verfolgte mich bei allen Gelegenheiten. Anno 1744 kam ich nach Dresden. Hier besuchte ich die Predigten des seligen Doktor Löschers fleißig, welche mir zum Segen gereichten. Ich entzog mich aller Gesellschaft und lebte 1 ½ Jahr ganz einsam, verfiel aber endlich in eine hitzige Krankheit. Da sah ich mich nicht anders als verloren an, es war weder Trost noch Rat für mein bekümmertes Herz zu finden, und mein Jammer nahm von Tag zu Tag zu. In dieser Not meiner Seele besuchte mich ein Bruder von Herrnhut, der von mir gehört hatte, und sagte: wenn ich wieder besser würde, sollte ich ihn besuchen, indessen sollte ich mich zu dem gekreuzigten Heiland wenden, und mich an ihn halten.

Ich kannte diesen Bruder nicht, als ich aber besser wurde, besuchte ich ihn und er brachte mich zu Bruder Jonas Paul Weiß, welcher mich sehr liebreich und evangelisch zum lieben Heiland wies, mir auch von der Brüdergemeine in Herrnhut sagte, was da für Leute wohnten, davon ich vorher nichts gehört hatte. Alles was ich von diesem Bruder hörte, machte mich erst recht verlegen. Ich fühlte, dass ich nicht glauben konnte, wenn ich wollte. Als ich einmal beim Schlafengehen auf meinen Knien lag und mit vielen Tränen zum lieben Heiland betete, er möchte sich mir doch auch offenbaren, wenn es wahr wäre, dass er auch mein Heiland sein, und als ich in dieser Bekümmernis die Augen zugetan hatte, so war es, als wenn jemand vor mir stünde, der sagte: „Siehe, das ist Gottes Lamm, das der Welt Sünde und auch deine trägt". Mir war es so, als sehe ich ihn am Kreuze mit seiner offenen Seite vor mir hängen, und konnte glauben, dass er auch mich erlöst habe und mein Heiland sei.

 Darauf resolvierte ich auch gleich nach Herrnhut zu gehen, wo ich anno 1746 den 26. Juni ankam. Hier fand ich alles so vor, so wie es für mein Herz passte, weil ich für mich in der Welt kein Durchkommen sah. Der liebe Heiland schenkte mir auch bald die Erlaubnis zur Gemeine. Den 6. Januar 1747 wurde ich in die Gemeine aufgenommen, die Losung hieß: „Bitte was ich dir tun soll. Dein Schweiß und dein Blut lass über mich regnen". O was war das für eine Seligkeit! Mein Herz war in Liebe gegen ihn entzündet, und ich war fast außer mir. Weil ich mich aber durch die selige Leitung des Heiligen Geistes noch mehr als ein Sünder sollte kennenlernen, und ich immer lieber recht gut zum lieben Heiland kommen wollte, so gab es in der Folge allerhand Konfusionen und schwere Umstände. Aber ich wusste doch nun keinen anderen Weg als zu ihm, und er half mir auch immer wieder auf die selige Sünderspur. So hat er mich auch in meinen

folgenden Zeiten geleitet und geführt. Anno 1748 den 18. August
hatte ich die Gnade das erste Mal mit der Gemeine zum Heiligen
Abendmahl zu gelangen. Ach das war ein Genuss für mein Herz
der unaussprechlich ist, wonach ich mich schon lange gesehnt
hatte. In diesem Gefühl ging ich hernach meinen seligen Gang
fort. Anno 1748 den 26. November kam ich nach Niesky als
Schuhmachermeister und blieb daselbst bis 1751 im September,
da ich wieder nach Herrnhut zurückkam. Von hier kam ich im
Juli 1752 nach Neusalz. Anno 1756 wurde mir angetragen nach
Neuwied zu gehen, und die Schuhmacherei daselbst anzufangen,
welches auch geschah. Und wurde dazu in Herrnhut zum
unvergesslichen Segen für mein Herz vom seligen Ordinarius
Fratrum gesprochen, und von ihm zu meinem Auftrag gesegnet.
Den 16. August gedachten Jahres kam ich daselbst an. Hier ging
es, wie man sagt: alle Anfänge sind schwer. Dem lieben Heiland
sei Dank, dass er mir so gnädig beigestanden hat. Ich bin aus
Gnaden seine. Er mache es ferner mit mir wie es ihm gefällt. Ich
bin wohl ein armes, sündiges verdorbenes Wesen, an dem nichts
ist als Elend, aber er hört meine Seufzer, die ich ihm in sein Herz
schicke und seine liebe Nähe tröstet mich. Dabei wünsche ich
mir aber doch immer ein noch kindlicheres und anhänglicheres
Herz an ihn und seine Wunden, denn in dieser Welt weiß mein
Herz doch keine Ruhe zu finden als nur einzig und allein in ihm.
So weit geht die eigenhändige Nachricht von unserem seligen
Bruder.

Wenige Stunden vor seinem Verscheiden sagte der selige Bruder
"ich habe zwar in Neuwied eine sehr kurze Nachricht von meinem
Lebenslauf aufgesetzt, allein ich habe mir oft vorgenommen eine
ausführlichere Lebens-Beschreibung von meinem Gang zu
fertigen, welches aber von Zeit zu Zeit unterblieben, denn ich
hätte sehr viele Gnadenbeweise seiner Barmherzigkeit, seiner
Bewahrung und treuen Obhut an mir zu rühmen und ihn dafür
zu preisen. Er hat es immer sehr gut mit seinem armen Kempf
gemeint, und mich mit unbeschreiblicher Liebe und Geduld

geleitet und geführt. Oh wie werde ich ihn in der Ewigkeit noch dafür loben und preisen und ich bin sein armer, aber durch sein Blut und Tod erlöster Sünder, der nichts aufzuweisen hat als seines Blutes Gerechtigkeit."

Im Jahre 1760 kam er hierher nach Ebersdorf und besorgte den Lederhandel im Ledigen Brüder-Haus, bis 1771 den 26. Februar, da er zum ersten Mal mit der seligen Schwester Margareta Johanna Friedrichin in den Stand der heiligen Ehe trat, welche Ehe der Heiland mit drei Kindern gesegnet hat, welche sich hier in der Gemeine befinden, nämlich ein Sohn und zwei Töchter. Den 24. Dezember 1787 wurde er durch den seligen Heimgang seiner lieben Frau in den Witwerstand versetzt.

Anno 1788 den 21. August trat er zum zweiten Mal in die Ehe mit der Schwester Anna Magdalena verwitweten Catterfeldin, geborene Klinkmeyern, als der nunmehrigen hinterlassenen Witwe.

Man kann dem seligen Bruder das Zeugnis geben, dass er im Glauben des Sohnes Gottes lebte, ihn als seinen Heiland und Versöhner kannte und liebte, und in allen Umständen seine Zuflucht mit gläubiger Zuversicht zu ihm nahm. Der lebendige Eindruck von Jesu Liebe und der damit verbundene selige Herzgenuss war seine einige Erquickung in seinen schmerzhaften Lebenstagen. Er hatte daher einen besonderen Glaubensmut zum Heiland, dass er ihn bis ans Ende in keiner inneren und äußeren Not werde stecken lassen.

Seit drei Jahren kränkelt er viel und hatte in Sonderheit am rechten Arm, an dem sich mehrere Beulen ansetzen und öffneten, viel Schmerzen auszustehen. Am 4. dieses Monats September überfiel ihn eine außerordentliche Mattigkeit, so dass er von da an nicht mehr ausgehen konnte. Diese Entkräftung vermehrte sich von Tag zu Tag, so dass man deutlich abnehmen konnte, der liebe Heiland eile mit ihm zu seiner seligen Vollendung. Am 18. erklärte er sich noch bei einer Unterredung sehr gefühlig über seinen Herzenszustand, dass er nämlich ganz in den Willen seines lieben Heilandes ergeben sei, er mache es mit mir, wie es ihm gefällt, ich bin Sein armer aber Sein erlöster Sünder. Auch äußerte er noch seinen Sinn über seine äußeren Umstände, ohne zu wissen, dass ihm seine selige Auflösung so nahe bevor stünde. An benanntem Tage den 8. genoss er noch zum Mittag etwas Speise, und blieb ungewöhnlich heiter und vergnügt auf seinem Stuhl sitzen, bis nach 4 Uhr nachmittags. Da er dann sagte: Nun will ich mich wieder ins Bett legen und ruhen, es wird sich wohl bald ausweisen, was es mit meiner Krankheit für einen Ausgang nehmen wird. Kaum aber hatte er eine Viertelstunde ganz stille und unbewegt gelegen, als man bemerkte, dass sein Mund erblasset und seine Seele in die Arme seines Erlösers übergegangen war. Es wurden zwar noch an der hinterlassenen Hütte die gewöhnlichen Mittel versucht, ob sie noch zum Leben zu bringen sei, allein es war keine Spur des Lebens zu finden. So sanft und geschwind hat der liebe Heiland diesen unseren lieben Bruder aus dem Glauben zum Schauen seiner Wunden zu sich heim genommen und selig vollendet. Sein Alter hat er gebracht auf 76 Jahre 1 Monat und 24 Tage.

6. Rosina Wacker 1733-1753

Unser liebes Hertzel Rosina Wacker war 1733, den 12. Januar, zu
Nagold im Württembergischen geboren, kam mit ihrer Mutter
1747 zur Gemeine nach Herrnhaag, daselbst sie gleich ins
Mädchen-Chor kam. 1748 wurde sie in die Gemeine
aufgenommen und 1749 zum heiligen Sakrament admittiert. Sie
war ein recht selig verliebtes an des Heilands seine Marter Person
adaschiertes Herz, dass sie sich bei Tag und Nacht mit seinen
Schmerzen und Wunden divertierte, auch mit ihrem stillen,
kindlichen und unschuldigen Umgang jedermann zur Freude
war. 1750, den 25. März, kam sie unter die kleinen Jungfern,
und noch das selbige Jahr, den 1. November, mit den ersten
Exulanten von Herrnhaag hierher, bewies sich auch hier als ein
treues, mit Leib und Seel an ihren Bräutigam, verwehntes Hertz.
Am letztvergangenen 4. Mai 1753 wurde sie ins Jungfern-Chor
aufgenommen, darinnen sie durchgängig von allen Schwestern
zärtlich geliebt wurde. Vor ohngefähr einem halben Jahr kriegte
sie einen Ansatz von der Auszehrung, war aber dabei so gar
munter und niedlich, dass man sie über ihre Krankheit niemalen
klagen oder sich beschweren hörte, vielmehr zum öfteren sagte,
es wäre nicht so gefährlich bei ihr wie die Schwestern dächten,
ließ sich dabei doch etlichemal gegen ihre liebste Hertzel merken,
dass sie es wohl wüsste, dass sie ihr Bräutigam bald zu sich
nehmen würde, erwartete ihn auch mit großer Freude, nur
möchte sie nicht gerne so viel davon reden, weil sie doch nicht
wüsste, wie lange es noch mit ihr währen könnte. Zu bald wäre
es ihr nicht. Er möchte kommen, so hurtig er wollte.
Den 7. November kam sie auf die Krankenstube, ging aber noch
immer dabei herum und besuchte fleißig ihre Schwestern auf
ihrer Stube, bis sie den 19. dieses Monats ganz bettlägerig wurde
und mit Freuden die Umarmung ihres Bräutigams erwartete,
welche auch den 27. dieses Monats abends gegen 7 Uhr erfolgte,
da sie vorher selbst noch sagte, dass es nun Zeit wäre, die liebe
Schwester Hendringen zu rufen, auch sobald dieselbe anfing, ihr

noch etliche Versel zu singen, so konnte sie, so schwach sie schon war, sich noch ein wenig aufrichten und sie mit einem so niedlichen Blick ansehen, dass man ihre große Freude genugsam daraus sehen konnte und nachdem sie den letzten Segen empfangen, unter dem Versel: „Nun schlägt dein Stündlein, nun ists aus, nun stürzt sein Strom auf dich …" ging ihr Seelgen in die Arme ihres ewigen Bräutigams hinüber, nachdem sie ihr Sterbensleben gebracht hat auf 20 Jahr, 11 Monat und 2 Wochen.

7. Philipp Christoph Kumberg   1746 - 1811

Der am 29. September 1811 selig entschlafende verheiratete
Bruder Philipp Christoph Kumberg hat von seinem Gang durch
diese Zeit keine eigenhändige Nachricht hinterlassen, daher nur
folgendes wenige von seinem Lebenslauf angeführt werden kann.
Er war den 30. Januar 1746 in Coburg geboren, wo sein Vater
ein Schneider war, welches Handwerk er auch diesen seinen
Sohn wollte lernen lassen, der aber die Weberei vorzog, wozu er
mehr Neigung hatte. Nach geendigten Lehrjahren ging er in die
Fremde, und da er es in der Zeit seiner Wanderschaft oft sehr
schwer hatte, so wurde ihm dieses durch Jesu Gnade, der den
verlorenen Schafen so treulich nachgeht, und über jeden Sünder
reich ist an Barmherzigkeit und Treue, Veranlassung, sich
gründlich zu bekehren, und den Heiland als seinen Versöhner
kennenzulernen. Da sein Herz an Gottes Wort Geschmack
gefunden und ihm die Rettung seiner Seele Haupt-Angelegenheit
geworden war, so suchte er an den Orten, wo er auf seinen
Handwerksreisen hinkam, gern fromme Prediger auf und
unterhielt sich zum Segen für sein Herz mit ihnen von dem
Grund unseres Heils. Auch wurde er auf die Art endlich mit der
Brüdergemeine bekannt, und bekam Verlangen in einer
derselben zu besuchen, welches Veranlassung wurde, dass er am
26. September 1772 hier eintraf. Es gefiel ihm bald so wohl in der
Gemeine, dass er um Erlaubnis, ein Mitglied derselben zu
werden, anhielt, welcher Wunsch ihm auch den 8. Oktober
desselben Jahres zuteilwurde. Diese Erlaubnis nahm er mit viel
Dank und Freuden aus der Hand des Herrn an, und gelobte Ihm,
durch seine Gnade Jesus treu zu bleiben bis an das Ende. Am
15. November eben dieses Jahres wurde er in die Gemeine
aufgenommen, und im Jahr 1774, den 31. März gelangte er zum
erstmaligen Genuss des Heiligen Abendmahls mit der Gemeine.
In der ersten Zeit arbeitete er bei der Landwirtschaft des
Brüderhauses, kam als dann wieder zu seiner erlernten Weber-
Profession und stand der Weberei des Brüderhauses auch einige

Jahre als Meister vor, bis er am 23. Januar 1792 mit seiner nunmehr hinterlassenen Witwe, der ledigen Schwester Margarethe Dorothea Schwarzin zur heiligen Ehe verbunden wurde und in der Fabrik Arbeit bekam, die er auch mit Treue und Angelegenheit bis einige Wochen vor seinem Ende fortsetzte. Ihre Ehe war mit drei Söhnen gesegnet, davon der jüngste, noch ehe er das Licht dieser Welt erblickte, schon von dem großen Kinderfreund wieder in die ewige Sicherheit genommen worden war. An dem ältesten Sohne erlebte er in seinen letzten Lebensjahren den Schmerz zu sehen, dass er die Sünde lieb gewann, sich von der Gemeine trennte und als ein verirrtes Schaf in der Welt herum trieb. Der jüngste wohnt in hiesiger Gemeine, dessen ganzes Gedeihen vor dem Heiland ihm als einem seine Kinder treu liebenden Vater nun sehr mehr am Herzen lag, und eine Materie seines Gebets war, da er an seinem ältesten so viel Herzeleid erleben musste. Da im Jahr 1797 sein Schwiegervater, der verwitwete Bruder Johann Ahrens Schwarz aus Hildesheim auf erhaltene Erlaubnis ein Mitglied und Einwohner hiesiger Gemeine wurde, und zu seinen Kindern ins Haus zog, so bekam er auch noch Gelegenheit, diesen seinem alten und schwächlichen Vater durch eine treue Verpflegung seine letzten Lebensjahre angenehm und lieblich zu machen, welches er auch mit Angelegenheit des Herzens tat, aber nicht vermutet hätte, seinem 81 jährigen Vater in die Ewigkeit voranzugehen. Wir können unserem seligen Bruder das Zeugnis geben, dass er sich als ein wahres Kind Gottes unter uns betrug: Jesum als seinen Heiland zu kennen, nachdem er sich in der Schule des Heiligen Geistes als einen verlorenen Sünder hatte kennenlernen lassen. In der Gemeine, sowohl in den Versammlungen als in der Stille seines Heils, froh zu werden, und sich aus Jesu Wunden alles Leben und Gnade und Vergeben täglich zu holen, war sein stetes Anliegen. Davon zeugten seine Äußerungen und das beweist auch sein Wandel. Der Gemeine in irgendeinem Teil, wo es von ihm verlangt wurde, zu dienen, war ihm Gnade, und er tat dieses auch besonders in seinem viele Jahre lang mit Treue bekleideten

Amte eines Kurators der ledigen Schwester und Mitgliedes des Aufseher-Kollegiums.

Ob man gleich im letzten Jahre eine merkliche Abnahme seiner Geistes- und Leibeskräfte gewahr wurde, so konnte er doch bis Ende Juli dieses Jahres seine gewöhnlichen Geschäfte in der Fabrik abwarten. Nun musste er aber die Stube, und bald darauf auch das Bette hüten, und wurde zusehends schwächer. Doch da seine ganze Krankheit nur in einem schnellen Abnehmen seiner Kräfte bestand, so hatte er wenig Schmerzen oder andere Leiden zu erdulden, blieb immer heiter und sich gegenwärtig, und als er am 29. gegen Abend, da sein Ende heran zu nahen schien, gefragt wurde, ob er sich auf sein baldiges Abscheiden aus dieser Welt freue und den Segen zu seiner Heimfahrt zu bekommen wünsche, so sagte er mit der heitersten Mine und kaum verständlichen Worten: O ja, darauf freue ich mich. Den Leib, den Saal des Lebens, hat er ja selbst gegeben, gerne will ich's Ihm wiedergeben. Er bemühte sich auch, in die bei seinem Bette gesungenen Verse mit einzustimmen und erhielt den Segen zu seiner seligen Vollendung, welche auch noch denselben Abend in der 10. Stunde auf die sanfteste Weise erfolgte.

Sein Alter hat er gebracht auf 66 Jahre weniger 4 Monate.

8. Johann Benedict Göttling 1748 -1807

Unser am 24. Juni 1807 selig entschlafender verheirateter Bruder Johann Benedict Göttling hat von seinem Lebenslauf folgende Nachricht hinterlassen.

Ich bin geboren im Jahr 1748 den 19. September in Salza im Herzogtum Magdeburg. Im Jahr 1756 brachte mich mein lieber Vater, der mit der Brüdergemeine in Verbindung stand, in die Knäbchen-Anstalt nach Gnadenberg, wo ich einen Teil meiner Kinderjahre recht vergnügt verbrachte und den Heiland kindlich liebte, aber zuletzt in meinem Herzen in Gleichgültigkeit gegen ihn und in ein leichtsinniges Wesen geriet. Am 11. Mai 1761 wurde ich in die Gemeine aufgenommen, welches mir sehr wichtig war, und am 26. Oktober 1762 gelangte zum Genuss des Heiligen Abendmahls. Es lag mir von ganzem Herzen an, dieses hohe Gut würdig zu genießen. Was der Heiland für mich armen Sünder getan, das ging über alles in der Welt, und mein Herz fand selige Weide im Wort von seiner Versöhnung. Besonders waren die Reden des seligen Bruder Waiblinger gesegnet für mein Herz. Wenn er zuweilen auch davon mit Nachdruck redete, dass die Gemeine, denen der Herr Ruhe von außen schenkt, auch Zeiten von Trübsal und Verfolgung erleben könnten, so fühlte ich mich damals im Herzen durch Jesu Gnad durchdrungen von der Liebe zu ihm, dass ich mit Freudigkeit um seinet und seiner Evangelii Willen mein Leben hergegeben hätte. In dieser glücklichen Herzensstellung verbrachte ich froh meine Tage bis in mein 22. Lebensjahr. In allen Umständen, großen und kleinen, hielt ich mich mit vollem Vertrauen an meinen Heiland, der mich an seiner Hand mit großer Treue führte, und mich mit unbeschreiblicher Geduld und Langmut trug. Nun ging aber eine trübe Zeit für mich an. Durch einen ganz eigenen Umstand fiel ich vom Herrn ab, ich wurde ganz tot und unempfindlich in meinem Herzen gegen den, der mich mit so großer Liebe getragen, und kam in die allerkläglichste Lage. Es war die traurigste Periode meines Lebens, die mir noch hintenauf manche

Träne ausgepresst hat. Als im Jahr 1770 meine lieben Eltern nach Neusalz zogen und die Bedienung der dasigen Gemeinhandlung übernahmen, so kam ich auf ihr Begehren von Gnadenberg, wo ich die Knopfmacher-Profession gelernt hatte, zu ihnen, und lernte bei meinem Vater die Handlung. Ich bleib hier bis ins Jahr 1775, da ich nach Herrnhut zog. Hier war es, wo mir der Heiland durch seinen Geist mein großes sündliches Verderben aufdeckte und mir zeigte, dass auch nicht das geringste Gute an mir sei. Ich bat ihn mit vieler Angelegenheit des Herzens, sich meiner zu erbarmen, und mir alle meine Sünden zu vergeben. Mein Flehen war nicht vergebens, der Heiland schenkte mir einen neuen Anblick seiner Gnade, und gab mir die Versicherung in mein Herz, dass er mir alles vergeben hat. Mein Herz wurde getröstet und heiter. Ich übergab mich ihm mit Leib und Seele aufs Neue, lebte froh und selig, bekam aufs neue Geschmack an den Gemein- und Chor-Versammlungen, und genoss in der Stille viel Gutes. Nichts war meinem Herzen schmackhafter und zuträglicher, als wenn in den Versammlungen der Heiland in seiner Marter- und Todes-Gestalt ganz einfältig abgemalt wurde. Im Jahr 1783 erhielt ich den Ruf als Gehilfe beim Vorsteher-Amt der ledigen Brüder in Neuwied und besorgte zugleich das Chordiener-Geschäfte. Nach einem vergnügten und für mein Herz gesegneten Aufenthalt in dieser Gemeine (von nicht völlig 2 Jahren), in welcher mir besonders die schönen evangelischen Zeugnisse des lieben Bruders Risler sen. sehr zum Trost und Aufmunterung waren, erhielt ich im Jahr 1785 einen Ruf, bei der Mission in St. Thomas zu dienen, den ich im Vertrauen auf des Heilandes gnädigen Beistand zaghaft, aber mit willigem Gehorsam annahm. Ich reiste demzufolge im Mai über Neudietendorf und Gnadenberg nach Herrnhut, wurde daselbst am 19. Juli mit der ledigen Schwester Anne-Louise Coseart zur heiligen Ehe verbunden, und am 14. September von Bruder Spangenberg zu einem Diacono der Brüderkirche ordiniert. Noch in demselben Monat begaben wir uns auf die weitere Reise, langten den 8. Oktober wohlbehalten in

Kopenhagen an, wo wir von den Geschwistern viel Liebe und Freundschaft genossen, auch das Vergnügen hatten, einige Zeit im Umgang mit den nach Ostindien reisenden Geschwistern Johann Friedrich Reichels und Schumanns zum Segen und Stärkung für unsere Herzen zu verbringen, bis wir am 2. Dezember in Gesellschaft des Bruder Jessen unter Segel gingen, und schon am 31. des Monats in die Spanische See kamen. So erwünscht und glücklich bis dahin unsere Seereise gegangen war, so beschwerden- und gefahrvoll wurde sie nun, da wir vom 5. bis 10. Januar des Jahres 1786 die fürchterlichsten Stürme auszustehen hatten. Gottes Wunderhand schütze uns, und sein Trost im Herzen benahm mir auch alle Angst. Da aber gleichwohl unser Schiff einen starken Leck bekommen hatte, so mussten wir in den Hafen bei Lissabon einlaufen, um das Schiff reparieren zu lassen, wo selbst unser Aufenthalt volle 5 Monate währte, denn wir konnten erst am 8. Juli die Reede wieder verlassen. Am 20. August langten wir dann endlich wohlbehalten an dem Ort unserer Bestimmung an, froh und dankbar gegen unseren guten Herren, der uns so gnädig geleitet und unser Reisen zu Herzen genommen. Hier habe ich der Mission 8 Jahre lang mit Freuden, wenngleich großer Schwachheit, gedient und meine liebe Frau war mir eine treue Gehilfin bei ihrem Geschlechte. Anfänglich empfand ich zwar ziemlich drückend die Beschwerden des heißen Klimas, bekam auch das hitzige Fieber, allein der Heiland schenkte mir bald Gesundheit und Kräfte wieder, dass ich nach europäische Art sowohl in meinen Kaufmanns-Geschäften als bei Bedienung der Neger-Gemeine tätig sein konnte. Das schöne Werk Gottes unter den Negern ist mir immer sehr wichtig gewesen, und nachdem ich ihre Sprache gelernt, hatte ich gar manchen Segen in den Unterredungen mit ihnen vor dem Heiligen Abendmahl, da es viele unter ihnen gab, die in einem wahren und kindlich frohen Umgang mit dem Heiland lebten. Als ich aber nach einem Aufenthalt von 6 Jahren eine von der großen Hitze herrührende starke Abnahme meiner Kräfte verspürte, auch meine liebe Frau zu kränkeln anfing, und endlich die

Auszehrung bekam, so sahen wir uns genötigt, bei der UÄC um unseren Abruf zu bitten, welcher uns auch gewährt wurde, und ich trat am 8. Juni 1794 meine Rückreise nach Europa an mit meiner kranken Frau, unseren zwei Kindern Friedrich und Louise, der Schwester Landberg mit ihrer Tochter. Wenn ich einen Rückblick auf meinen Dienst in St. Thomas tue, so bleibt mir nichts übrig, als sünderhaft auszurufen: ach Herr, sei mir gnädig, und vergib mir alle meine Sünden und Schulden. Nach einer glücklichen Reise trafen wir wohlbehalten am 14. September in Herrnhut ein, und wurden zu unserer Beschämung von den lieben Brüdern der UÄC mit viel Liebe empfangen. Schon im März 1795 hatte unsere für uns erquickliche Ruhezeit ein Ende, indem ich einen Ruf erhielt, nach Ebersdorf zu ziehen, um daselbst die Bedienung der Gemein-Handlung zu übernehmen. Ich fand kein Bedenken, diesen Antrag anzunehmen, in der gewissen Hoffnung, dass der Heiland auch ferner mit mir sein werde, und bat ihn täglich, zu meinen schwachen Bemühungen seinen Segen zu geben. Wir kamen den 19. März wohlbehalten in Ebersdorf an. Meine liebe Frau wurde aber zusehends schwächer, und am 26.Mai 1796 endigte sie auf eine sanfte und selige Weise ihre Laufbahn hinnehmen, welches für mich ein tiefschneidender Schmerz war. Da meine Geschäfte und ganze Lage meine baldige Wiederverheiratung erforderten, so trat ich am 28. August desselben Jahres mit der ledigen Schwester Margarete Rössler in die Ehe. Auch mit dieser meiner zweiten Gehilfin habe ich beinahe 11 Jahre in einer sehr vergnügten Ehe gelebt. In drei schweren Krankheiten hat sie mir viele Liebe und Treue bewiesen, welches ihr der liebe Heiland reichlich belohnen wolle. Der liebe Heiland segnete unsere Ehe mit zwei Söhnen und zwei Töchtern, welche sich sämtlich so wie auch meine zwei Kinder erster Ehe in hiesiger Gemeine befinden. Mein innigster Herzenswunsch ist, dass diese meine sechs Kinder beim Heiland und bei der Gemeine bleiben und für ihn gedeihen mögen. Gefällt es ihm, mich bei Gelegenheit dieser meiner Krankheit zu sich heimzunehmen, so wird er auch für das äußere Durchkommen meiner lieben Frau und Kinder notdürftig sorgen, wozu ich sie Ihm und auch der Direktion der hiesigen Gemeine bestens empfehle. Auch sage ich den Brüdern, die bei mir im Laden gedient haben, und mir auch in meinen Krankheiten wahre Liebe und Treue bewiesen haben, hierdurch den herzlichsten Dank dafür.

Soweit geht der eigenhändige Aufsatz des seligen Bruders, zu welchem seine liebe hinterlassene Witwe noch folgendes hinzufügt. Meinem lieben seligen Mann, mit dem ich 11 Jahre weniger 8 Wochen in einer sehr vergnügten Ehe gelebt, lag mein und unsere Kinder Wohlsein stets so nah am Herzen, dass er keinen Tag anfing oder beschloss, ohne für uns zum Heiland zu flehen, und ihn um seinen Beistand und Segen zu bitten. In der Bedienung des ihm anvertrauten Geschäftes das zu leisten, was der Heiland von im fordere, war sein eifriges Bestreben und gar oft war er darüber bekümmert, dass er hierin soweit zurückstehe, so dass ich oft zu trösten hatte, und sein aufrichtiger Sinn und Handelsweise, sein Wunsch mit jedermann in Frieden zu leben, sein demütiges Anhangen an den lieben Heiland war mir lehrreich und zur Erbauung. Im Jahr 1799 hatte er eine so heftigen Krankheit durchzustehen, dass man seinen Heimgang vermuten konnte, allein er gelangte wieder zu einem solchen Grade von Gesundheit, wie er dieselbe nach seinen eigenen Äußerungen seit seiner Rückkehr aus Westindien nicht genossen, und konnte in seinen Geschäften mit voller Heiterkeit des Gemüts bis zu Ostern vorigen Jahres kontinuieren, da ein abermaliger heftiger Krankheitsanfall ihn seinem Ende wieder nahe brachte, und von da an gab er selbst die Hoffnung auf, seine vorige Gesundheit wiederzuerlangen. Er erholte sich zwar wieder insoweit, dass er noch etwas tätig sein und auch die Mess-Geschäfte in Leipzig im vorigen Herbst noch besorgen konnte, allein die drückende Kriegsnot, die auch unseren Ort und Gegend in der Zeit betraf, hatten auf seinen ohnehin schwachen Körper einen so nachteiligen Einfluss, dass er im Dezember aufs Neue sehr bedenklich krank wurde. Zuweilen schien es zwar, als wenn man noch nicht alle Hoffnung zu seiner abermaligen Genesung aufgeben dürfte, die aber durch Rückfälle von Krankheit wieder sehr geschwächt wurde. Indes fühlte er sich im April doch wieder so gestärkt, dass er Mut bekam, eine Gesundheitsreise nach Nürnberg zu unseren Eltern zu tun, wohin er sich auch am 28. des Monats auf dem Weg begab. Doch wurde dieses Mal der gewünschte Zweck nicht erreicht, sondern er kam am 8. Juni zu meinem und meiner Kinder tiefen Schmerz so schwach wieder nach Hause, dass man deutlich sehen konnte, dass ein Abschied aus dieser Welt wohl nicht weit entfernt sei. Einige Tage lang konnte er sich zwar noch am Genuss der frischen Luft stärken, seine Schwäche nahm aber doch so schleunig zu, dass er am 18. genötigt wurde, sich ganz zu Bett zu legen. Er brachte nun mit vieler Heiterkeit seine Geschäfts- und Familien-Sachen in Ordnung, erteilte seinen Kindern seinen väterlichen Segen, und ließ sich von einem jedem die Hand darauf geben, dass sie dem Heiland treu bleiben wollten. Ach bleibt nur bei ihm, rief er uns mit Herzens-Inbrunst zu, so wird er euch nicht verlassen, sondern euer Versorger und treuer Beistand bleiben. So nahm er von den Seinigen, von den Brüdern, die unter seiner Geschäfts-Aufsicht standen, und von allen seinen Bekannten zärtlichen Abschied, und lag stille und gelassen da, ohne viel Schmerzen zu empfinden, mit dem sehnlichen Wunsch und Verlangen, dass der Heiland bald kommen und ihn zu sich nehmen möge. Dabei betete er viel zum Heiland, bat ihn sünderhaft, ihm alles zu vergeben, und sagte mehrmals: Nichts, nichts habe ich getan hienieden, was mich vor Gott wert machen könnte, er wolle mich aus Gnaden als den ärmsten Sünder um seines vergossenen Blutes willen annehmen. Gegen niemand habe ich etwas in meinem Herzen, und wünsche, dass ein jeder, den ich beleidigt haben möchte, es mir vergeben wolle. Als ihm sein jüngstes Töchterlein als Bette gebracht wurde, sagte er: Seht, wie vergnügt das gute Kind ist, ich aber bin noch viel vergnügter, dass ich bald zum Heiland gehen darf und das er's so gar schön mit mir macht. Am 22. wurde ihm auf sein

Verlangen in Gegenwart seiner Familie und einiger Brüder der Segen des Herrn zu seiner Heimfahrt erteilt. Da sich seine Abschiedsstunde aber doch noch länger als er vermutete, verzog, so wollte ihm dieses manchmal zu lange dünken und einige Ungeduld anwandeln, so dass er sich oft selbst darüber vor dem Herrn beugte, und oft getröstet werden musste. Am 24. Juni erquickt er sich noch unter dem Fest-Liebesmahl der Knäbchen an dem schönen Gesang, den er auf seiner Stube sehr deutlich hören konnte, seufzte dabei mit großer Sehnsucht, dass der Heiland doch bald kommen und ihn erlösen möchte, und nur eine Stunde noch dauerte die Wartezeit. Um 4 Uhr kam der selige Moment, da seine erlöste Seele sanft und selig in die Arme Jesu überging und der müde Kranke fast unbemerkt einschlummerte, nachdem sein Lauf hienieden gewährt 59 Jahr weniger 3 Monate.

Von Seiten der hiesigen Gemeinde kann unserem seligen Bruder das gegründete Zeugnis erteilt werden, dass er bei einem überhaupt stillen und gewissenhaften Wandel auch insonderheit die Bedienung der Gemein-Handlung mit der größten Angelegenheit und sorgsamer Pünktlichkeit und mit einer Treue besorgte, die sich selbst nicht leicht genugtat, sodass er deshalb öfter Trost und aufweckenden Zuspruch bedurfte. Auch ist sein nach eigener bester Überzeugung und bestem Vermögen für die Gemeine verwaltetes Geschäft nicht ohne Beweise des göttlichen Segens geblieben. In Rücksicht auf diese treue Beflissenheit in seinem Amte verdiente und erfuhr er desto billigere Schonung bei seinem etwas empfindlichen Naturell, und bei seiner ihm manchmal eigentümlichen Ansicht des unterhabenden Geschäfts und dessen, was darin einzugreifen schien. Überhaupt war der Selige, so wie er sich in allen seinen Geschäften und Ämtern schon früher bewiesen, so auch unter uns ein legitimierter und geachtete Bruder, der nun von seinem lieben Herrn, in dessen Freude er eingegangen ist, und der die Treue auch im kleinen so hoch hält, einen reichen Gnadenlohn empfangen wird.

9. Anna Maria Sell 1748 - 1763

Unsere selige Schwester Anna-Maria Sellin ist geboren anno
1748, den 23. September, hier in Ebersdorf und wurde in der
Gemeine getauft. Sie war bis in ihr 7. Jahr bei ihren Eltern, man
merkte aber jederzeit bei ihr eine sehr große Neigung und Liebe
zu den Kindern in der Anstalt, welche sie auch zuweilen
besuchen kam. Es zeigte sich auch bald, dass der Heiland die, ihr
in ihrer Taufe geschenkte Gnade, nicht wollte vergebens sein
lassen und ihre Gnadenwahl, zu seinem Volke zu gehören, gern
ausgeführt sehe. Sie bezeigte ihre große Lust bei den Kindern zu
wohnen öfters, bat daher ihre Eltern gar angelegentlich, ihr
dieses Verlangen zu gewähren und hielt sich, um desto baldiger
Erlaubnis von ihnen zu bekommen, auch mit an ihre lieben
Paten, die Schwestern Keßlerin und Mahlerin, und so kriegte sie
dann von ihren Eltern Erlaubnis. Und so zog sie anno 1755 ins
Chorhaus zu den Kindern. Sie gewohnte auch recht bald ein, war
ein stilles und gehorsames Kind und genoss alle Kinderfreuden
und Seligkeiten mit einem dankbaren Herzen. Anno 1760, den 7.
August, kam sie unter die Mädchen, anno 1761, den 6. Juli,
wurde sie in die Gemeine aufgenommen. Sie war beständig ein
sehr kränklich und schwächliches Kind und ihrem Herzen nach
wünschte man sie auch in einer besseren Situation zu sehen. Bei
Gelegenheit aber, da ihre Eltern auf die Gedanken kamen, sie
wieder zu sich zu nehmen, wurde sie erstaunlich unruhig und
verlegen, es ging auch zugleich eine neue Gnadenarbeit des
Heiligen Geistes an ihrem Herzen vor. Sie lernte das in ihr
liegende Verderben kennen und fühlte, dass ihr das wahre Leben
aus Jesu Wunden bisher noch gefehlt, und bat den Heiland mit
vielen Tränen sich ihrer anzunehmen. Sie fasste die feste
Resolution ganz seine zu sein mit Leib und Seel, bat sichs aber
auch als eine besondere Gnade von Ihm aus, weil sie sich als ein
sehr armes Kind in der Welt nicht getraute durchzukommen, sie
lieber in seine Sicherheit zu nehmen. Ihre kränklichen Umstände
namen auch von da merklich zu und ihr Herz wurde immer

kindlicher und zärtlicher gegen den Heiland. Sie tröstete sich mit der gewissen Hoffnung, dass er sie bald zu sich nehmen würde. Den 21. Mai dieses Jahres schenkte ihr der Heiland die große Gnade seines Marter-Leichnams und Bluts im heiligen Sakrament teilhaftig zu werden. Diese unerwartete Gnade und überhaupt die treue Hand des guten Hirten, welche von Jugend auf über ihr gehalten, erregten bei ihr einen recht zärtlichen Umgang mit seiner Marter-Person. Sie brachte ihre kränklichen Tage solange sie nur konnte unter ihren Gespielinnen zu, bis sie genötigt wurde im August die Krankenstube zu beziehen. Hier verbrachte sie nun ihre noch übrige Zeit in der sehnlichsten Erwartung, den, den ihre Seele liebt, bald persönlich zu empfangen, und freute sich, dass der Heiland ihre Bitte, welche sie von ihm erbeten, nun bald gewähren würde. Sie freute sich, wenn man sie besuchte und gab immer ihre Erkenntlichkeit für alles genossene Gute recht sünderhaft an den Tag. Den 4. Dezember, als sie ihre Eltern besuchten, nahm sie noch recht herzlich Abschied von ihnen und versprach beim Heiland ihrer zu gedenken. Sie brachte die folgenden Tage sehr schmerzhaft aber geduldig zu. Den 8. dieses Monats vormittags war ihr Seelchen immer im Hinziehen. Es wurde ihr dazu fleißig Liturgie gehalten, und in der 7. Stunde entflog das Täublein unter den Worten: Am Ende aller Not ölt sie ein ihr Wunden rot in seine ewige Ruhe und Sicherheit. Ihres Alters 15 Jahr 2 Monate und einige Tage.

10. Johann Gottlieb Bonatz 1773 – 1827

Auf seinem Krankenbett, wenige Tage vor seinem Ende, diktierte er einem Bruder folgendes in die Feder:
Ich bin den 15. Februar 1773 in Tangermünde in der Altmark geboren. Von Zwillingskindern war ich das Erstgeborene, aber viel schwächlicher, als meine vier Stunden jüngere Schwester, weswegen meine Eltern mein baldiges Verscheiden erwarteten. Es herrschte gerade um diese Zeit eine drückende Teuerung im Lande. Daher fiel es meinen Eltern, welche unbemittelt waren, äußerst schwer, für sich und ihre sieben Kinder das nötige zu erwerben. In dieser Verlegenheit richteten sie ihren Glaubensblick auf den Herrn, der ihnen auch gnädig durchhalf und sie in ihrer Kümmernis nie verließ. Das Heil ihrer Kinder lag ihnen nahe am Herzen, und wir hörten oft, besonderes unsere Mutter, manchen inbrünstigen Seufzer für uns zum Heiland tun. Dies machte einen tiefen Eindruck auf mich, und gereichte mir in der Folge zu großem Segen. Meine Eltern hatten die Gewohnheit, des Sonntags zum Mittag mit uns über Religions-Wahrheiten zu sprechen und des Abends eine Erbauungsstunde zu halten, in welcher uns meistenteils Lebensläufe von heimgegangenen Geschwistern aus der Brüdergemeine mitgeteilt wurden, von denen mir einige unvergesslich geblieben sind. So verbrachte ich denn einige von meinen Kinder- und Jugendjahren im Genuss des Friedens Gottes recht selig und vergnügt. Bei meiner Konfirmation und beim ersten Genuss des Heiligen Abendmahls wurde mein Herz von einem unbeschreiblichen Friedens-Gefühl durchdrungen. Kurz danach machte ich mit meinem Vater einen Besuch in Gnadau, und nun entstand bei mir das sehnliche Verlangen, ein Mitglied der Brüdergemeine zu werden. Meine Eltern hatten nichts dagegen einzuwenden, meine älteren Geschwister aber widersetzten sich der Erfüllung meines Wunsches, und so wurde mein Vorhaben vereitelt. Nach und nach verloren sich die seligen Eindrücke in meinem Herzen, und ich nahm mir vor, alle weltlichen Lustbarkeiten mit zu genießen,

bis ich 50 Jahre alt wäre. Nun fing eine unglückliche Periode meines Lebens an, die ungefähr vier Jahre lang währte. Durch die schlechte Gesellschaft, in die ich verwickelt wurde, und durch die sündigen Neigungen meines verderbten Herzen geriet ist immer tiefer in die Sünde, und hatte ein unseliges Leben, weil ich der Sünde nicht ohne Gewissensbisse dienen konnte. Ich weinte oft über meinen jammervollen Zustand, und betete um Befreiung von der Knechtschaft der Sünde. Meine älteste Schwester, die es bemerkte, fragte mich öfters, warum ich weine. Ich gab ihr aber immer zur Antwort: „Was würde das mir nützen, wenn ich dir die Ursache sagte? Du kannst mir doch nicht helfen".

Im Jahr 1789 war ich wieder in Gnadau zu Besuch. Es traf sich, dass bald nach meiner Ankunft daselbst ein Abendmahl-Liebesmahl gehalten und dazu wie gewöhnlich mit Posaunen geblasen wurde. Dieser Schall durchdrang mein Herz auf eine nicht zu beschreibende Weise. Alle meine Sünden standen mir vor den Augen, und zu gleicher Zeit hatte ich die unaussprechliche Gnade, sowohl an diesem als dem folgenden Tage mein Herz vor dem Heiland ausschütten und ihn um Vergebung meiner Sünden bitten zu können. Er sah meine Tränen in Gnaden an, und tröstete mein zerknirschtes Herz durch den Anblick seiner Gnade und durch das Gefühl seiner lieben Nähe. Auf eine überaus selige Weise erfuhr ich die Wahrheit der Worte Jesu: „So euch der Sohn Gottes frei macht, so seid ihr Recht frei" (Johannes 8, 36.), denn die Fesseln der Sünde, unter deren Last ich geseufzt hatte, waren von nun an wie zerbrochen. Im Gefühl des Friedens Gottes kehrte ich nun himmlisch vergnügt nach Hause zurück, und konnte meine schlechte Gesellschaft mit Freuden verlassen. Meine Eltern nahmen von Herzen Teil an dem Glück, welches mir widerfahren war, und freuten sich, dass ich den Heiland als meinen Erlöser kennengelernt hatte. Nachdem ich mich noch ein Jahr lang bei ihnen aufgehalten hatte, zog ich nach Gnadau, und wohnte daselbst eine Zeitlang auf der Fremdenstube in Brüderhause. Indem ich hier auf Erlaubnis zur Gemeine wartete, hatte ich es im Äußern schwer, und musste meinen kleinen Verdienst recht zusammenhalten, um nicht Schulden zu machen. Der selige Bruder Teutsch nahm sich meiner väterlich an, und ermunterte mich, wenn ich über äußere oder innere Not bekümmert war. Nachdem ich mich beinahe ein Jahr in Gnadau aufgehalten und noch immer nicht die gewünschte Erlaubnis zur Gemeine bekommen hatte, wurde mir das längere Warten zu viel: ich trug es daher darauf an, meinen Wanderstab in die Hand zu nehmen und in eine andere Gemeine zu gehen. Dies wollte aber der damalige Vorsteher der ledigen Brüder, der selige Bruder Kohrhammer, nicht zugeben. Vielmehr ermunterte er mich, still zu bleiben, und versprach mir, meinetwegen an die Ältesten-Konferenz einer Gemeine zu schreiben, in der ich, wie er hoffte, ein Unterkommen finden würde. Vier Wochen darauf wurde endlich mein sehnlicher Wunsch erfüllt, und ich erhielt Erlaubnis zur Gemeine in Ebersdorf. Am 20. Juli 1792 traf ich daselbst ein. Hier fing eine Prüfungszeit für mich an, sowohl in Absicht auf das Äußere, als auf meinen Seelenzustand. Ich musste mir mein Durchkommen mit Handschuhmachen verdienen, welches dort die Hauptarbeit war, und da ich wenig Lust und Neigung dazu hatte, so ging es mir kümmerlich, wiewohl ich nicht eigentlich Mangel litt. Was meinen Herzenszustand betraf, so lebte ich nicht so vergnügt, wie ich in Gnadau gelebt hatte. Ich sah mehr auf andere als auf mich, und wenn Geschwister in die Gemeine aufgenommen wurden, so kränkte es mich, dass diese Gnade mir noch nicht zuteilwurde. Denn ich glaubte in meiner Blindheit, ich sei besser als andere und müsse demnach der erste sein. In dieser betrübten Herzensstimmung ging ich mehrere Monate dahin, und spiegelte mich in einem sträflichen Selbstgefallen in meiner vermeintlichen Frömmigkeit, bis sich endlich der Heiland über mich erbarmte und mir klar machte, dass ich grundverdorben sei. Diese Wahrnehmung machte mir anfangs viel zu schaffen, denn ich hatte in dem Wahn gelebt, dass ich von der Sünde nichts mehr werde zu fühlen haben. Ja, ich hielt mich nun für so schlecht und sündig, dass ich kaum wagte, meine

Zuflucht zum Heiland zu nehmen. Sein guter Geist brachte mich aber allmählich ins Geraume: Ich ging nun meinen Gang gebeugt und sünderhaft, und lernte an der wichtigen Lektion, mir an Seiner Gnade genügen zu lassen. Als einmal die Ältesten-Konferenz versammelt war, wurde es mir so in meinem Herzen, der Heiland werde mir jetzt die Gnade schenken, in die Gemeine aufgenommen zu werden. Bald darauf wurde mir angezeigt, dass mir am folgenden Tage, dem 24. Februar 1793, tiefes Glück zuteilwerden solle. Darüber war mein Herz mit tiefer Beschämung und inniger Dankbarkeit erfüllt. Nach meiner Aufnahme ging die Beförderung in den Gemeingnaden schnell vonstatten: schon am 27. Juli desselben Jahres hatte ich die Gnade, das heilige Abendmahl zum ersten Mal mit der Gemeine zu genießen. Nun hatte ich eine sehr selige Zeit, und noch heute kann ich nicht anders als mit Rührung daran denken. Das Glück, zur Brüdergemeine zu gehören, war mir groß und wichtig. Ich ging aus einer Seligkeit in die andere. Der Friede Gottes erfüllte meine Seele auf eine unbeschreibliche Weise, und beim Gefühl meiner Armut hieß es immer in meinem Herzen: „Herr! Ich bin viel zu gering aller Barmherzigkeit und Treue, die Du an mir tust!" Im Jahr 1795 wurde mir die Meisterstelle bei der Beutlerei aufgetragen, und ich besorgter dieselbe bis ins Frühjahr 1803, da ich einen Ruf erhielt, dem Chor der ledigen Brüder in Zeist als Pfleger zu dienen. Diesen Ruf nahm ich mit Bangigkeit, aber im Vertrauen auf die Durchhilfe des Heilandes an. Bei den damaligen Kriegs-Unruhen hatte ich in meinem Amte manche Schwierigkeiten zu erfahren. Mein treuer Heiland half mir aber gnädig durch.

Weiter zu diktieren wurde der selige Bruder durch zunehmende Schwachheit gehindert. Seine Mitarbeiter in Gnadental fügen folgendes hinzu:

Im Jahre 1805 erhielt er einen Ruf zum Dienst bei der Mission in Südafrika. Zu dem Ende wurde er im September in Herrnhut mit der ledigen Schwester Johanna Dorothea Koch ehelich verbunden und zu einem Diakonus der Brüderkirche ordiniert. Nach einer langwierigen und beschwerlichen Seereise traf er am 8. Juni 1806 mit seiner Frau hier in Gnadental ein, und diente mit ihr der hiesigen Gemeine in Treue und Angelegenheit, bis er im Jahr 1810 nach Grünekloof zog. Nach dem im Jahr 1820 erfolgten Heimgang seiner Frau wurde er im Jahr 1822 zu einer Besuchsreise nach Europa veranlasst. In Gnadau wurde er mit der ledigen Schwester Friederike Dorothea Erdmann, seiner hinterlassenen Witwe, getraut, und kehre dann, nach Seel' und Leib gestärkt, mit ihr nach Afrika zurück, um seinen Dienst unter den Hottentotten fortzusetzen, worin seine Seele lebte. Im März 1823 traf er hier in Gnadental ein, und im folgenden Jahr erhielt er den Auftrag, dem neuen Missionsplatz Elim vorzustehen, welchen Auftrag er mit Herzenslust und Freudigkeit annahm.

Seit verschiedenen Jahren hatte er an Brustbeschwerden gelitten. Das Klima von Elim sagte ihm aber so gut zu, dass er nach und nach davon befreit wurde. Die Freude darüber sowie über das Aufblühen von Elim machte ihn sehr anhänglich an diesem Ort, und er äußerte öfters die Hoffnung, noch viele Jahre daselbst tätig sein zu können. Der Heiland dachte aber anders über ihn. Sowie seine Brustbeklemmungen aufhörten, scheint sich die Wassersucht, welche Veranlassung zu seiner Auflösung wurde, gebildet zu haben, wiewohl man erst einige Monate vor seinem Ende Spuren von derselben bemerkte. Da gegen das Ende des Monats November 1827 sein Zustand immer bedenklicher wurde, und er in Elim keine ärztliche Hilfe haben konnte, so wurde ihm geraten, zu besserer Pflege auf einige Zeit nach Gnadenthal zu kommen. Diesen Rat nahm er gern an, und traf demzufolge mit den Seinigen in Begleitung des Bruders Lemmerz am 3. Dezember hier ein. Aller angewendeten Mittel ungeachtet nahm seine Krankheit ungewöhnlich schnell zu, doch schien er nicht viel Schmerzen zu empfinden. Wenigstens hörte man ihn nie klagen und es zeigte sich auf eine erfreuliche Weise, dass, wiewohl er gern noch länger gelebt hätte, er doch bereit war seinem Herrn mit Freuden entgegen zu gehen. In seinen

Fantasien beschäftigte er sich mit Versammlung-Halten, und sprach so eindrücklich und zusammenhängend, dass es allen Anwesenden zur Erbauung erreichte. Es war dabei sehr merkwürdig, dass, wiewohl seine Gemütskräfte ganz dahin zu sein schienen, er doch imstande war, eine Menge von Versen ohne Fehler zu beten, und nachdem er nicht mehr sprechen konnte, sang er noch so schön melodisch als je zuvor.

Am 14. Abends wurde er im Beisein des Hausgemeinleins und einiger Hottentotten unter einem tröstenden Gefühl der nahen Gegenwart Gottes zu seiner Heimfahrt eingesegnet, und nachdem er den folgenden Tag bewusstlos verbracht hatte, entschlummerte er sanft und selig am 16. Dezember früh in der ersten Stunde, seines Alters 54 Jahre und 10 Monate. Aus seiner ersten Ehe hat er fünf Kinder gehabt, von denen ihm drei in die Ewigkeit vorangegangen, die zwei anderen aber in der Pflege der Gemeine sind. Seine zweite Ehe war mit drei Kindern gesegnet, welche noch am Leben sind. Bei der hiesigen Mission, welcher er 21 Jahre lang mit Treue und Segen gedient hat, wird sein Name in dankbarem Andenken bleiben.

11. Anna Christina Zerz 1785 – 1788

Das selige Kind, Anna Christina Zerzin, ward geboren den 27. Oktober 1785 auf Orellen in Liefland, und daselbst von Probst Frohbrich in Jesu Tod getauft. Nachdem sie 8 Wochen alt war, ging ihr lieber Vater selig zum Heiland, und sie kam mit ihrer Mutter und beiden Geschwistern den 7. Juli 1786 wohlbehalten hier in Ebersdorf an. Sie war von Geburt an (ungeachtet ihrer Schwächlichkeit) doch ein munteres und lebhaftes Kind. Diesen Unterschied zwischen ihr und ihrem Schwesterchen (mit der sie Zwilling war) bemerkte man öfters unter allen ihren kindlichen Spielen. Sie lernte auch, ehe man's vermutete, laufen und reden. Sobald sie etwas fassen und verstehen konnte, sagte und sang man ihr vom lieben Heiland vor, sonderlich wie er die Kinder so lieb habe.

Sie lernte auch einige Verse ganz gut, also: „Weil ich Jesu Schäflein bin...", „Oh mein trauter Herre ...", „Lämmlein ich wein nur vor Freuden übers Leiden ..." und „Oh Opferlämmelein ..." Dieselben lallte und betete sie fleißig mit untermengten Hosianna. Und dass der Heilige Geist an den Herzen der kleinsten Unmündigen geschäftig ist, bemerkte man auch an diesem lieben Kinde, denn oft mitten unter ihren Spielen, ging sie in ein Winkelchen, und bat den lieben Heiland um ein gutes Herz.

Seit August vorigen Jahres spürte man eine Abnahme ihrer ohnehin wenigen Kräfte, und die Munterkeit ihres Gemüts verlor sich mehr und mehr, wozu auch das Zahnen viel beitrug, daher man glaubte, sie würde sich mit der Zeit wieder erholen. Da aber die Blattern eintraten, und sie vorher schon ziemlich abgeschwächt war, zweifelte man, dass sie dieselben überstehen würde, und es zeigte sich auch bald, dass sie (ungeachtet derer

Mittel, die man Kindern ihres Alters beibringen kann) nicht recht heraus kommen wollten.

Wenn man sie fragte, ob sie zum lieben Heiland gehen wolle, und ihr sagte, dass sie bei ihm auch ihren lieben Vater sehen würde, erwiderte sie: „Der liebe Heiland wird mich auch auf die Achseln nehmen und nach Hause tragen". Sie musste noch die letzten drei Tage viel ausstehen, welches man nicht ohne großes Mitleiden ansehen konnte. Verschiedene convulsiones beförderten dann ihr Ende, welches den 18. dieses Monats früh um 2 Uhr erfolgte, da sie zu ihrer seligen Heimfahrt eingesegnet wurde.

Nun ist sein Schäfchen nach Haus getragen, nun weint's nicht mehr!
Ihr Alter hat sie gebracht auf 2 Jahr, 3 Monate und 3 Wochen.

12. Auguste Louise Caroline Krönlein   1794 -1864

Lebenslauf der am 16. April 1864 in Ebersdorf selig entschlafenen verwitweten Schwester Auguste Louise Caroline Krönlein, geborene Köllner.

Ich bin am 31. Januar 1794 in Idstein, einem Städtchen im Nassauischen, geboren, woselbst mein Vater zu der Zeit Lehrer am Gymnasium war. Ein halbes Jahr nach meiner Geburt wurde derselbe als Pfarrer nach Naurod bei Wiesbaden versetzt. Dort habe ich meine Kinderjahre, die mir unvergesslich bleiben werden, verlebt. Von Jugend aus wurden wir Kinder von unseren Eltern zur Gottesfurcht erzogen und dem Heiland ans Herz gelegt. So weit ich mich zurück besinnen kann, weiß ich auch, dass Er Sein Eigentumsrecht an mich geltend gemacht, mich mit Liebe an sich gezogen und zum Gegenstand Seines Erbarmens erkoren hat. Daneben war ich aber nicht nur ein sehr lebhaftes, sondern auch leichtsinniges Kind, schnell zum Guten, wie zum Bösen hin geneigt, ließ ich mich namentlich leicht zum Lügen verleiten, und hatte immer gleich Ausreden bereit, wenn ich mich durch etwas straffällig gemacht hatte. Wo wäre ich hin geraten, wenn mich nicht der Herr durch meine lieben Eltern so treulich hätte warnen und behüten lassen! Sie stellten uns oft vor, wie der Heiland auch für uns Kinder sein Leben dahin gegeben habe, und dies machte immer einen tiefen Eindruck auf mich. Auch bewahrte mich die vielfache Erinnerung, dass der Heiland alles sehe und höre und selbst unsere Gedanken kenne, vor vielem Bösen, und ich möchte allen Eltern raten, ihre Kinder frühzeitig auf diese Weise zu dem lieben Kinderfreunde hin zu führen.

Das spärliche Einkommen meiner lieben Eltern, verbunden mit den schweren Kriegsjahren, hat auch uns Kinder frühe die Not des Erdenlebens empfinden lassen. Mehrere Male wurde unser Haus von den Franzosen gänzlich ausgeplündert, und nicht selten mussten wir uns alle ein Versteck suchen, um vor ihren

Grausamkeiten bewahrt zu bleiben, da gewöhnlich ihre erste Frage nach dem Pfarrhause war, wo sie am meisten zu finden hofften. Mein Vater war oft in großer Lebensgefahr und musste sich mehrmals durch die Flucht retten. Wir wussten dann oft lange nicht, wo er sei. Gar viel wäre noch zu sagen von den Drangsalen, die meine Eltern zu erfahren hatten. Mein Vater pflegte jene Zeit seine zweite Hohe Schule zu nennen. Später erst erkannte ich, welchen Segen dieselbe unserem Familienleben gebracht und wie das teure Wort Gottes meinen Eltern eine so reiche Trostquelle gewesen ist. Auch ich hörte es wohl gern, aber mein leichter Sinn ließ mich schnell wieder die empfangenen Eindrücke vergessen.

Ich war neun Jahre alt, als den lieben Eltern die herbste Prüfung ihres Lebens bereitet wurde, welche auch auf mein Herz nicht ohne Einfluss blieb. Mein ältester Bruder nämlich, der ihnen zu großer Freude gereichte, war in Frankfurt in einem Handlungshause angestellt und wurde auf einer Reise, die er für dasselbe machte, von zwei Metzgerburschen, die Geld bei ihm vermuteten, ermordet. Meine lieben Eltern waren tief gebeugt von diesem Schlag, wurden aber auch mächtig getröstet. Besonders eindrücklich ist es mir geblieben, wie meine liebe Mutter in schlaflosen Nächten aus ihrem reichen Schatz von Liedern und Sprüchen sich Trost holte, was wir Kinder oft mit anhörten. Viele dieser Lieder haben sich meinem Gedächtnis fest eingeprägt.

Im Jahr 1807 wurde ich konfirmiert. Der Konfirmationsunterricht gereichte mir zum Segen. Ich fasste mit einer meiner Mitkonfirmandinnen den Entschluss, ernstlich nach Gottes Willen zu wandeln. Die Konfirmation selbst machte einen tiefen Eindruck auf mein Herz. Wir sangen auf den Knien das schöne Lied „Ach was sind wir ohne Jesum ..." und mussten dann mit der Hand auf der Bibel das Versprechen geben, das teure Wort Gottes hoch zu achten und an der einen evangelischen Lehre Jesu Christi festzuhalten bis an unser Ende. Ich dachte viel darüber nach, ob ich auch imstande sein würde, diesem Versprechen nachzukommen, und fühlte wohl, was mir dazu noch fehlte, suchte aber nicht auf dem rechten Wege dazu zu gelangen. Zwar betete ich des Morgens und Abends, aber das war ein totes Werk. Meine Eltern ließen es an Ermahnungen nicht fehlen, auch durften wir nie zu Lustbarkeiten und weltlichen Gesellschaften gehen. Dafür suchte uns unser guter Vater immer durch etwas anderes zu entschädigen, machte mit uns weitere Ausflüge und suchte uns darauf hinzuweisen, wie schädlich solche weltliche Lustbarkeiten sei, wie gut es dagegen derjenige habe, der schon in der Jugend seine Zeit nützlich anwendet.

Noch vier Jahre durfte ich nach meiner Konfirmation im elterlichen Hause zubringen, während welcher Zeit ich von meiner lieben Mutter zu allen häuslichen Geschäften angeleitet wurde und häufig auch, da es die Verhältnisse meiner Eltern erforderten, mit meiner älteren Schwester die Feldarbeiten verrichten musste.

In meinem Herzen sah es in dieser Zeit oft traurig aus, und ich sehe nur mit Schmerz und Scham auf dieselbe zurück.

Im Jahr 1811 bezogen meine Eltern die Pfarrei Hefterich, wodurch ihnen im äußeren eine Erleichterung zuteil wurde. In dasselbe Jahr fällt auch meine Entfernung aus dem Elternhaus. Einer meiner Brüder war seit längerer Zeit in einem christlichen Hause in Segnitz bei Würzburg, woselbst er, während einer langjährigen Krankheit seines Prinzipals, die Leitung der Geschäfte übernommen hatte, welche er auch nach dessen Tode fortsetzte. Die Witwe desselben brachte im genannten Jahre ihre Kinder nach Neuwied in die Anstalt. Auf dieser Reise besuchte sie auch meine Eltern und bot ihnen an, eine ihrer Töchter mitzunehmen und zu versorgen, was von diesen mit Dank angenommen wurde. Die Wahl traf mich, und gern zog ich mit in die Nähe des geliebten Bruders. Hier kam ich in ganz andere

Verhältnisse, als die des Elternhauses waren. Da gab es für meine Unerfahrenheit manche Schule, die mir zur Selbsterkenntnis und Demütigung dienen musste. Auch hatte ich viel Gelegenheit von allem, was im Reiche Gottes vorging, zu hören, indem Kinder Gottes aus allen Gegenden gastliche Aufnahme in dem Hause fanden. Dies alles, verbunden mit den Ermahnungen meiner lieben Eltern, führte mich auf meinen verkehrten Herzenszustand. Ich fühlte, dass es so nicht mit mir bleiben könne und suchte nach dem Umgang des Herzens mit Gott. Im Jahr 1814 fügte es der Herr, dass sich mein Bruder mit unserer lieben Wohltäterin verheiratete, was den geprüften Eltern zu großer Freude gereichte, da er dadurch in den Stand gesetzt wurde, sie zu unterstützen. In demselben Jahr verheiratete auch ich mich mit meinem nun schon lange selig vollendeten Mann, dem verwitweten Gerbereibesitzer Vitus Krönlein und hatte die Freude, mit meinen Geschwistern an ein und demselben Ort zu bleiben.

Mit bangem Herzen trat ich in den Ehestand, denn ich fühlte, dass ich den Aufgaben meines neuen Berufes wenig gewachsen sei. Ein dritthalbjähriges Knäblein aus erster Ehe nahm sogleich meine Liebe und Sorgfalt in Anspruch und viel Ungewohntes trat mir entgegen. Mein lieber Mann, geachtet und unbescholten vor der Welt, war doch dem Leben aus Gott noch fremd, auch war er hitzigen Charakters, und da ich meinen Beruf gern zu seiner Zufriedenheit ausgeführt hätte, kostete es manche Seufzer und Tränen. Das war aber eine heilsame Schule für mein Inneres! Ich wurde dadurch ins Gebet getrieben, ja, ich lernte schreien zum Herrn, hatte aber auch die Gnade, dass er mein armes Gebet erhörte. Denn nicht nur lebte ich mich in meinen äußeren Beruf ein, sondern hatte auch die große Freude, dass mein lieber Mann nach und nach anfing, den Herrn zu suchen, und bald lernten wir uns in Liebe und Geduld tragen. Er versicherte oft, wie er Gott danke, dass er ihn in eine christliche Familie geführt habe, wo er auf das Heil seiner Seele aufmerksam gemacht worden sei.

Unsere Ehe war mit elf Kindern gesegnet, sechs Söhnen und fünf Töchtern. Ein Söhnchen ging in seinem ersten Lebensjahre heim. Einige Jahre genossen wir noch den Umgang unserer lieben Geschwister, dann zogen dieselben nach Würzburg. Dagegen hatten wir nachher öfters die Freude, den lieben Vater in unserer Mitte zu sehen, da er, nachdem die liebe Mutter im Jahre 1817 heimgegangen war, wegen Schwerhörigkeit, auf Zureden seiner Kinder, sein Amt niederlegte, um nun bei seinen verschiedenen Kindern auszuruhen. Auf einer Reise nach Basel aber wurde er von dortigen Freunden dringend gebeten, das Amt eines Sekretärs bei der deutschen Christentums-Gesellschaft anzunehmen, was ihm ganz erwünscht war, da seinem tätigen Geiste die gänzliche Ruhe doch nicht zusagte. Von da aus machte er dann häufiger Reisen nach Bayern und Nassau, wo meine jüngste Schwester an seinen Nachfolger, den Pfarrer Ohli, verheiratet war. Es war jedes Mal keine geringe Freude, ihn einige Zeit in dem Familienkreis zu haben. Während seiner Anwesenheit sucht er immer durch Unterredungen und Missionsstunden den Sinn für diese ihm so lieb gewordene Sache in der Umgegend zu wecken. Dadurch wurde unser ältester Sohn, der das väterliche Geschäft erlernt hatte, angeregt und zog bald nach Basel, wo er nach einiger Zeit als Zögling in die dortige Missions-Anstalt aufgenommen wurde. Im Frühjahr 1834 machte auch unsere älteste Tochter einen Besuch daselbst und wohnte dem dortigen Missionsfest bei. Während sie dies zu großem Segen für ihr Herz genoss, fand es der Herr gut, uns zu Hause in eine schwere Kreuzesschule zu führen. Unsere zweite Tochter erkrankte am Nervenfieber und lag wochenlang hoffnungslos darnieder. Als sie anfing, sich zu erholen, legte sich mein lieber Mann, die Magd und unser vorjüngstes Söhnlein. Die Nachricht davon führte die älteste Tochter ins Elternhaus zurück. Noch erquickt von dem Genuss jener Feste, pflegte sie mit vieler Liebe die Kranken. Nach wenigen Tagen aber wurde auch sie krank und erlag bald dem Fieber, am 1. Oktober vormittags 11 Uhr, und schon in der darauffolgenden Nacht um 12 Uhr folgte ihr der Vater. So riss mir der Tod an einem Tage zwei Stützen von der Seite. Tief gebeugt stand ich an dem Grabe der beiden Geliebten noch in gerechter Besorgnis um meinen kranken Sohn. Diesem schenkte der himmlische Arzt die Gesundheit wieder, aber lange dauerte es, bis es völlig hergestellt war. Unter diesen Sorgen, Mühsal und Schmerzen erlag auch ich zuletzt und kam dem Tode nahe, wurde aber durch Gottes Gnade wieder gesund.

Das war eine schwere Prüfungszeit, auf welche aber der Herr einen reichen Segen lebte. Die Trostbriefe des geliebten Vaters waren mir in jenen schweren Zeiten eine rechte Erquickung. Ich stand nun mit zehn Kindern allein und musste schon in dem darauf folgenden Januar den neuen Schmerz erfahren, dass auch mein teurer Vater uns entrissen wurde. Und manche bange Sorge für die Zukunft drängte sich mir auf, aber ich durfte reichlich die Hilfe des Herrn erfahren. Meine Geschwister aus Würzburg, welche indessen auch in die Nähe von Basel gezogen waren, eilten zu meinem Trost herbei und nahmen eine meiner Töchter zur Erziehung mit. Mein ältester Sohn musste, statt in die Heidenwelt als Missionar zu gehen, zu uns zurückkehren und mir bei der Führung des Geschäftes zur Seite stehen, was er auch bereitwillig und mit vieler Treue tat. Doch hing sein Herz immer noch an dem einmal liebgewordenen Berufe. Nachdem er mir acht Jahre beigestanden, und mein jüngerer Sohn ein anderes Geschäft gegründet hatte, verkaufte ich mein Anwesen, und der ältere Sohn kehrte wieder zu seinem vorigen Beruf zurück. Der Herr führte ihn indessen nicht unter die Heiden, sondern zu den Deutschen in Nordamerika als deren Seelsorger. Meine nunmehr älteste Tochter verheiratete sich 1837 an den Pfarrer Wagner in Unteraltenbernheim. In demselben Jahr verheiratete sich auch mein zweiter Sohn, und die Tochter, welche meine Geschwister mitgenommen und 3 Jahre in ihrer Pflege gehabt hatten, folgte einer entfernten Verwandten nach Herrnhut und wurde dort nach deren Tod in die Gemeinde aufgenommen. Meine jüngeren Söhne erlernten alle nach und nach ein Geschäft und ich zog nun 1847 mit meiner jüngsten Tochter nach Rugendorf, wohin meine Kinder Wagner versetzt worden waren. Von nun an konnte ich bald hier, bald da bei meinen verschiedenen Kindern eine Zeitlang mich aufhalten, da es der Herr so fügte, dass eines nach dem anderen versorgt wurde. Einer meiner jüngeren Söhne widmete sich dem Missionsdienst und wurde 1850 von der rheinischen Missionsgesellschaft in das Namaqualand nach Afrika gesendet. 3 Jahre später musste ich auch meine jüngste Tochter über das Meer ziehen sehen, indem sie sich an dem Missionar Rott auf der Insel Borneo verheiratete. Es kostete mich einen schweren Kampf, sie von mir zu lassen, aber ich musste es als Gottes Willen ansehen, und der Herr gab mir die Kraft, mich in die Trennung zu finden. Indessen hatte der Herr auch schon für eine liebliche Heimat in meinen alten Tagen gesorgt. Meine Tochter war im Jahr 1847 von Herrnhut nach Ebersdorf gezogen und verheiratete sich 1850 mit dem Konditor, Bruder Sapel, daselbst. Dahin zog nun auch ich in demselben Jahr, zuerst zu meinen Kindern und später ins Witwenhaus. Was soll ich nun von dieser Führung meines Herrn sagen? Oh Herr, du hast wahrlich mit viel Gnade und Erbarmen mich geleitet, hast mich zu dir gezogen und mir die Gewissheit geschenkt, dass dein Verdienst auch mir zugerechnet werden soll! Ich weiß, die Hand, die mich bis hierher gebracht, wird mich endlich auch dahin reiten, wo ich ihm für alles noch besser werde danken können, als ich es hier vermag. Am liebsten hätte ich von meinem Leben nichts niedergeschrieben, denn ich kann ja nur Tadelnswertes von mir berichten, aber die Geduld, die Liebe und Treue meines Heilands zu rühmen und zu preisen, habe ich große Ursache. Wäre er mir nicht nachgegangen auf meinen Irrwegen, wo wäre ich hingeraten! So werfe ich mich denn in seine Arme. Er wird mich, das hoffe ich zuversichtlich, auch ferner leiten, so dass ich am Ende meines Lebens glaubensvoll und getrost werde ausrufen können: „Mein Lauf ist vollbracht! Vater, in deine Hände befehle ich meinen Geist!"

So weit reichen die eigenhändigen Nachrichten der selig Entschlafenden. Es bleibt uns, schreiben ihre hinterlassenen Kinder, nur noch einiges aus den letzten Jahren ihres viel bewegten Lebens zu berichten übrig. Wie dankbar und froh sie darüber war, dass der Herr ihr am Abend ihres Lebens einen so lieblichen Aufenthalt hat zuteilwerden lassen, das gab sie oft kund, und wie gern sie auch oft längere Besuchsreisen zu ihren Kindern machte, die an verschiedenen Orten zerstreut wohnten, so kehrte sie doch immer besonders froh in ihr trautes Witwenstübchen und in den Kreis ihrer lieben Hausgenossinnen zurück.

Von dem Segen, den sie in den Versammlungen genoss, wäre viel zu sagen. Sie waren ihre Freude und Erquickung in guten und bösen Tagen, und nur höchst ungern versäumte sie dieselben. In den ersten Jahren ihres Hierseins war sie noch kräftig und gesund, und da sie gewohnt war, unausgesetzt tätig zu sein, konnte sie ihren hiesigen Kindern noch viele Hilfe leisten, und aus dem reichen Schatz ihre Erfahrungen im Inneren und Äußeren manchen Rat erteilen. Eine besondere Freude war es ihr, ihren vorjüngsten Sohn, der mit großer Zärtlichkeit an der guten Mutter hing, mehrere Jahre hier zu haben. Derselbe hatte das Geschäft seines Schwagers erlernt und trat nach der Geschwister Verheiratung zu dessen Hilfe in ihr Haus ein. Innig freute sie sich mit ihm, als ein Herzenswunsch, Mitglied der Gemeinde werden zu dürfen, erfüllt wurde, und oft sprach sie von den segensreichen Stunden, die sie mit ihm in ihrem Stübchen zugebracht. Doch auch diesen Sohn sollte sie dem Herrn noch hingeben und in ein fernes Arbeitsfeld unter die Heiden ziehen sehen. Er wurde 1857 nach Surinam berufen und reiste bald mit seiner jungen Frau, vom mütterlichen Segen begleitet, dahin ab. Das waren herbe Abschiedsstunden, doppelt schwer, da sie kurz vorher auch ihre älteste Tochter durch den Tod verloren, welche auf einer Besuchsreise, fern von den ihrigen, auf ein schweres Krankenlager geworfen wurde, und deren Pflege sie bis ans Ende selbst übernommen hatte. Aber der treue Herr ist ein mächtiger Tröster und hat sich in dem allen auch an ihr als solcher bewiesen.

Wohl wurde es um sie her immer einsamer, von den vielen, denen sie treue mütterliche Pflege hatte angedeihen lassen, war nur noch eine Tochter ihr zur Seite geblieben, aber doch wurde sie immer reicher. Mit jedem Jahr mehrte sich die Enkelschar (die sich jetzt bei ihrem Heimgang auf 58 beläuft), welche ihrer großmütterlichen Fürbitte empfohlen wurde, und die Geistesgemeinschaft mit all ihren fernen Kindern war ihr Ersatz für die Bitterkeit der Trennung. Der stille Umgang mit ihrem Heiland war ihr Alles, und die Sorge um ihr und der ihrigen Seelenheil blieb bis ans Ende ihr größtes Anliegen.

In den letzten sechs Jahren nahmen ihre Körperkräfte sichtlich ab, und häufige Krankheitsanfälle mahnten sie daran, dass sie nun in den Herbst des Lebens getreten sei. Da trat der Herr im Sommer 1859 noch einmal mit einer schweren Prüfung an sie heran, welche sie tief erschütterte. Sie erhielt nämlich ganz unerwartet die Nachricht von der Ermordung ihres Schwiegersohnes in Borneo. Der Schmerz und die Sorge um die ferne, vereinsamte Tochter legte sie alsbald aufs Krankenlager, von dem aber der Herr sie bald wieder genesen ließ. Im nächsten Sommer wurde ihr die wehmütige Freude zuteil, diese Tochter bei ihren rheinländischen Kindern in Gladbach zu begrüßen. Die Freude des Wiedersehens hatte sich stark gemacht, diese große Reise noch einmal zu wagen. Nach viermonatlichem Aufenthalt daselbst, in welcher Zeit sie auch dem Kirchentag in Elberfeld beiwohnte, was ihr zu großem Genuss gereichte, kehrte sie mit ihrer Tochter und deren Kindern nach Ebersdorf zurück und freute sich, diese nun in Ihrer Nähe behalten zu dürfen. Doch erkrankte sie noch in demselben Monat heftig, und schon mussten wir fürchten, dass der Herr sie von uns nehmen wolle. Auf unsere dringende Bitte um ihre Genesung wurde uns das teure Leben noch einmal geschenkt, aber ihre Kraft war gebrochen. Jährlich wiederkehrende Krankheitsanfälle mahnten sie und uns, dass wir sie wohl nicht mehr lange unter uns haben würden. Ihr lebhafter Geist ließ sie zwar oft noch kräftiger scheinen, sie selbst aber fühlte die Abnahme ihrer Kräfte und sagte oft: „Kinder, ich lebe nicht mehr lange". Doch konnte sie im vergangenen Sommer noch einmal eine Reise zu ihren nächstwohnenden Kindern machen und sich des Gedeihens ihrer dortigen Enkel und der Wirksamkeit ihrer Kinder erfreuen. Nach ihrer Heimkehr aber fühlte sie doppelt ihre Schwäche und war dadurch auch geistig eine Zeitlang niedergedrückt. Der Winter aber, der ihr überhaupt zuträglicher war, als der Sommer, brachte ihr wieder neue Frische. Sie konnte während desselben unausgesetzt tätig sein und griff überall, wo es nötig war, helfend ein. Die Verheiratung zweier Enkeltöchter in kurzer Zeit hintereinander nahm ihre ganze großmütterliche Sorge in Anspruch. Segnend weilte sie mit ihrem Geiste bei allen und heiligte Freude und Schmerz durch das Gebet.

An ihrem letzten Geburtstage war sie tief bewegt, als ihre Enkel ihr in früher Morgenstunde einige Verse sangen und sie mit ihren kleinen Gaben beschenkten. Auch die zahlreichen Briefe mit den kindlichen Wünschen entlockten ihr Freudentränen. Während des Februars und des Märzes war sie besonders wohl und kam häufiger als sonst zu ihren Kindern. Aber eine Todesahnung war immer in ihrer Seele, die sich in mancherlei Äußerungen kundgab. So hatte sie vor etwa drei Wochen ein ganz besonderes Verlangen, einer lieben Verwandten, mit der sie lange keine Briefe gewechselt, einmal zu schreiben und zwar, wie sie ausdrücklich sagte: „um sie noch einmal vor ihrem eigenen Tode zu grüßen". In den letzten 14 Tagen besuchte sie fast täglich ihre Kinder, Freude bringend und an der Lust der Kinder Freude schöpfend. Auch hatte sie noch allerlei Arbeiten für dieselben vorgenommen und war herzlich vergnügt, als sie dieselben am Sonnabend, den 9. April, vollendet hatte. „Ich bin sehr müde und werde mich heute

Abend bald niederlegen", sagte sie einem ihrer Kinder, das nach ihrem Ergehen fragte. Sie und wir ahnten nicht, dass sie sich legen solle, um nicht wieder aufzustehen. Am Sonntagmorgen musste sie wegen großer Ermattung im Bett bleiben und lag den ganzen Tag und die darauffolgende Nacht fast unausgesetzt im Schlummer. Auch an den beiden folgenden Tagen währte dieser Zustand fort, und wir meinten, sie würde sich dadurch stärken und bald wieder erholen. Dienstagabend ließ sich indessen bewegen, den Arzt zu Rate zu ziehen, welcher ihren Zustand nicht unbedenklich fand. Am Mittwoch schien es besser zu gehen, und wir meinten, wieder Hoffnung hegen zu können, allein bald wurde es uns unzweifelhaft, dass der Heiland mit ihr aus diesem Leben eile. Der Husten und die Beengung nahmen immer zu, die Kräfte schwanden sichtlich. Die Nacht vom Donnerstag zum Freitag wurde ihr recht lang. „Oh, was habe ich für Heimweh!" sagte sie, als der Morgen anbrach. Um 6 Uhr wurde ihr der Segen des Herrn zu ihrer Heimfahrt zuteil und sie lag den ganzen Morgen ruhig, wie in einem sanften Schlummer. Am Nachmittag aber stellt sich der Husten häufiger ein und verursachte jedes Mal große Beengung. Wir litten mit der teuren Kranken und konnten nur bitten, dass der Herr ihr Leiden abkürzen und sie bald heimholen möge. Sie sollte aber noch eine lange, lange Nacht durchkämpfen und die Bitterkeit des Todes in reichem Maße erfahren. Schon am Abend kehrten die Atmungsbeschwerden immer häufiger wieder und oft seufzte sie: „Ach, wie lange!" Doch konnte sie dazwischen wieder ruhig schlafen. Etwa um Mitternacht verklärte sich plötzlich ihr Gesicht und mit unbeschreiblich seligem Ausdruck fragte sie mehrmals: „Was ist das? Wie komme ich hierher?" Längere Zeit schien sie das Anschauen herrlicher Dinge zu genießen, dann aber kehrte der Kampf in seiner ganzen Heftigkeit wieder, und auch finstere Kräfte schienen ihr noch nahetreten zu wollen, denn einige Male sprach sie mit Bewegung den Vers: „Weicht, hier finstern Geister, denn mein Freudenmeister, Christus, tritt herein". Oft fragte sie auch: „Wo bin ich denn? Warum bleiben wir noch immer hier? Warum gehen wir nicht nach Hause?"

Sichtlich getröstet und beruhigt wurde sie in diesen schweren Stunden durch mehrere kräftige Liedverse und Bibelsprüche, wie: „Fürchte dich nicht, ich habe dich erlöset", und „Sollt ich auch gleich vor andern durchs Tal des Todes wandern, Dein Stab, Herr, und Dein Stecken benimmt mir allen Schrecken", was sie mit einem herzlichen „Ja" und „Amen" bestätigte. Als der Tag anbrach, kam sie wieder zu ihrer vollen Besinnung und lag ganz ruhig, aber ihre Stimme wurde immer schwächer und unverständlicher. Die Bewegung ihrer Lippen zeigte, dass sie mit ihrem Herrn redete, aber verstehen konnte man leider nur wenig. Als aber nicht lange vor ihrem Ende die liebe Vorsteherin ihres Chores ins Zimmer trat, bat sie mit vernehmlicher Stimme: „ihr lieben Hausgenossinnen, betet!" Um ½ 9 Uhr veränderten sich plötzlich ihre Züge, ihre Lippen bewegten sich immerfort, aber der Atem wurde immer schwächer. Auf die Frage ihrer jüngsten Tochter: „Kennst du mich noch?", nickte sie bejahend, ebenso, als sie gefragt wurde: „ob ihr der Heiland nahe sei?" Dann aber verstand sie keine Frage mehr und um 9 Uhr schlug ihr Sterbestündchen, wo sie dann ganz sanft und ruhig einschlief.

Ihre Wallfahrt hienieden hat gewährt 70 Jahre, 2 Monate und 16 Tage.

13. Heinrich Garbade 1798 – 1849

Lebenslauf des verheirateten Bruders Heinrich Garbade, heimgegangen am 18. Juli 1849 in Ebersdorf

Ich bin geboren den 19. April 1798 zu Hastedt bei Bremen. Meine Eltern besaßen ein Bauerngut. Sie waren fromm und gottesfürchtig und hielten mich zu allem Guten an. In meinem 6-ten Jahre ging mein Vater selig aus der Zeit, nachdem er uns 6 Kinder der Gnade und Barmherzigkeit Gottes empfohlen und mit den Worten „Herr Jesu in Deine Hände befehl ich meinen Geist!" sanft entschlief. Unter meinen Geschwistern war ich das jüngste. Die Mutter liebte mich und so verlebte ich meine ersten Jugendjahre froh und vergnügt.

Nach einem Jahr heiratete meine Mutter wieder. Und weil unser Stiefvater mit großer Liebe auf unser Wohl bedacht war, wurde der Verlust meines seligen Vaters wieder ersetzt. In unserem Hauswesen blieb alles in gutem Gange. Ich wurde nun fleißig zur Schule gehalten. Unser Schulmeister war zwar nicht gelehrt und nach der feinen Mode gebildet, lehrte aber das Wort Gottes rein und die wesentlichen Glaubensartikel von der Sünde, von der Erlösung durch das Leiden des Heilands und überhaupt alle Kernwahrheiten des Christentums. Sein Unterricht machte einen guten Eindruck auf mein Herz, besonders die schönen alten christlichen Gebote, die alle Morgen bei Anfang der Schule von den Kindern stehend hergesagt wurden. Sie prägten sich mir so ein, dass ich sie jetzt noch alle auswendig weiß und sie mir noch manchmal zum Segen wiederhole.

In meinem 12-ten Jahr kam ich in die Vorstadtschule in Bremen. Hier wurden mir zwar alle nützlichen Wissenschaften gelehrt, aber nicht das Eine was Not ist. Indes hielt mich die Gnade unseres Gottes, dass mir bei meinem Eifer und der Lust zu den

Wissenschaften doch mein kindlicher Glauben am Worte Gottes erhalten blieb.

In meinem 14-ten Jahr bekam ich ein Augenübel, welches aller angewandten Mittel ungeachtet, nicht weichen wollte. Dies war für mich eine zwar wehtuende, aber doch heilsame Zucht, indem ich dadurch von den Verführungen und Verderben der Welt und ihrer fleischlichen Lust abgehaltenen wurde. In meinen späteren Jahren, wo es sich wieder verlor, hab ich noch oft den davon gehabten Vorteil und Segen mit Rührung und Dank gegen meinen treuen Gott erkannt.

Den Schulunterricht konnte ich, da meine älteren Geschwister die Arbeit besorgten, recht lange besuchen, welches mir sehr lieb war. Den Religionsunterricht erteilte der dortige Vorstadtprediger. Er war zwar ein freundlicher gut meinender Mann, aber doch dem Rationalismus ergeben. Er lehrte nur tote Moral, nannte den Sohn Gottes zwar immer Christus, aber betete ihn nie als den Sohn Gottes an.

Bei meinem Konfirmationsunterricht würden seine verkehrten Grundsätze wohl sehr nachteilig auf mich gewirkt haben. Aber da fügte es die gnädige Hand unseres Gottes, der Gedanken des Friedens über uns hatte, dass mein Vater von einer Freundin Stillings „Der Graue Mann" geborgt erhielt. Dies lasen wir nun mit großem Eifer und Inbrunst zu Hause. Hier ging uns nun ein neues Licht auf, zuerst über die Prediger, die wir vorher aus großer Achtung für ihren Stand fast als unfehlbar in ihrer Lehre gehalten hatten. Jetzt sahen wir in diesem Buch aus vielen Exempeln und Tatsachen, wie schrecklich der Unglaube und Abfall von Christus so viele Menschen beherrschte. Jetzt prüften wir auch unsere Prediger nach diesem Buche und fanden, dass manche unter ihnen auch solche Ungläubige waren. Aber das Beste kam hernach. Bei mehrmaligem Lesen des „Grauen Mannes", dessen Hefte wir uns fast alle anschafften, erkannten wir die große Sündhaftigkeit und Verdorbenheit der menschlichen Natur. Aber wir wurden auch zum Herrn Jesus als den einzigen Retter und Helfer aus allem Elend geführt.

Zu derselben Zeit wurde mein Vater mit einigen christlichen Freunden in Bremen bekannt. Das diente uns zu mehrerlei Erbauung und Erquickung, besonders der Umgang mit dem seligen Bruder Schreiber war ein Segen für uns. Auch mit dem lieben Bruder Reinmund kamen wir in eine gesegnete Bekanntschaft und wurden von diesem lieben treuen Jünger des Heilands mit großer Liebe und Herzenswärme zu dem gekreuzigten Heiland eingeladen. An meinem lieben Vater bewies sich das Wort vom Kreuz zuerst als eine Kraft Gottes. Er wurde erweckt, begnadigt und seiner Seligkeit im Geiste gewiss. So gab er mit großer Freudigkeit durch Wort und Wandel Zeugnis davon. Bald darauf wurden auch mein Bruder und meine Schwester erweckt.

Auch mir wurde es immer wichtiger, mich zu bekehren. Doch konnte ich, weil ich von den groben Ausbrüchen der Sünde bewahrt geblieben war, mich in die arme Sünderschaft nicht sobald hineinfinden. Auch hatte ich viel Furcht vor der damit verbundenen Schmach der Welt.

Der treue Heiland aber ließ nicht nach, mich bald durch Liebe, bald durch Zucht und Leiden nach und nach mehr an sein Liebesherz zu ziehen. Besonders hielt er bei Gefahren mit meinen Fuhrwerken, wo ich von den Pferden auch mehrere Male herunterfiel und einmal sogar beim Ackern fast in einen tiefen Graben stürzte, seine schützende Hand über mich, dass ich ohne Schaden davon kam.

Am 1. Juli 1826 hatten wir den unbeschreiblich tiefen Schmerz, dass durch ein Gewitter nachts 12 Uhr unser schönes neues Haus nebst Scheune in der Zeit von 3 Stunden in Asche gelegt wurde. Diese schwere Heimsuchung diente uns auch, uns mehr von der Welt und dem Besitz des Irdischen zu lösen und die Herzen mehr nach den ewigen Heilsgütern zu richten.

1827 im November ging mein Bruder nach Zeist zur Gemeine, wo er im Garten angestellt wurde. Das Jahr darauf kam er wieder und holte auch meine Schwester dahin ab. 1829 zu Ostern machte ich einen Besuch dorthin. Da wurde ich mit so herzlicher Rührung und Segen in den Versammlungen überschüttet, dass es nun mein inniger Wunsch wurde, auch an einem solchen Segens-Orte zu wohnen. Jedoch es verzögerte sich, weil es dort keine rechte Beschäftigung für mich gab und auch weil mich meine gute Mutter noch gern bei sich behalten wollte.

Am 3. März 1830 waren wir in großer Gefahr, da bei dem überaus hohen Wasser die Deiche durchbrachen und so Menschen ertranken. Doch half uns der liebe Heiland auf unser vieles Bitten so gnädig, dass uns unser Haus erhalten blieb. Angst und Schrecken bei solcher Gefahr machten mich sehr sehnend nach der Gemeine. 1833 kam im Winter wieder Hochwasser und ich konnte es fast nicht mehr dort aushalten.

So zog ich im Herbst 1834 zu meinem Schwager. Im Frühjahr 1836 macht ich wieder eine Besuchsreise nach Zeist. Mein Vater begleitete mich einige Stunden und wie er von mir Abschied nahm und ich einsam und allein den Weg dorthin antrat, wurde mir Angst ums Herz. Da wandte ich mich gläubig und mit Scham zu meinem Heiland, dass er doch auf diesem unbekannten Weg mit mir sein wolle und mich in seinen Schutz nehme. Hierauf wurde ich sogleich mit einem solchen unaussprechlichen Friedensgefühl überschüttet, als wenn sich der ganze Himmel voll Seligkeit über mich ergießen wollte und ich musste bitten: „Herr Jesu, nimm mir etwas davon ab, ich kann es fast nicht ertragen!" Darauf wurde es in meinem Herzen wie ein stiller sanfter Frieden und ich wanderte nun, an Leib und Seele gestärkt, meine einsame Straße fröhlich fort.

Schon am Tag darauf hatte ich Gelegenheit, die schützende Hand des Herrn zu erkennen:
Eines Abends war ich genötigt in einem einsam stehenden alten Hause zu übernachten, weil ich zu sehr ermattet das nächstes Dorf nicht mehr erreichen konnte. Auf meine Bitte nahm man mich zwar auf, aber es war mir gleich bange und unheimlich zumute, da auch noch ein anderer wüster Mann eintrat, der mir durch Fragen und Erzählen von Räubern Angst zu machen suchte. Der Wirt wies mir eine alte Kammer an und ich empfahl mich, indem ich diese inwendig etwas verriegelte, dem gnädigen Schutz des Heilands und schlief ein. Zu Mitternacht wurde so stark an der Tür gebrochen und geklopft, dass ich erwachte. Bei dem Lärm überfiel mich, der ich so hilflos war, ein Grauen und ich bat den treuen Heiland inbrünstig mir beizustehen. Dann rief ich: „Wer ist da?" Ich bekam aber keine Antwort. Weil die Tür nicht aufzubrechen war, blieb ich vom Herrn beschützt und unbeschädigt. Als ich am Morgen den Wirt fragte, was in der Nacht an meiner Kammer gewesen war, wollte er von nichts wissen. Ich war daher froh und dankbar, dass ich meinen Stab weiter setzen konnte.

Am Palmsonntag langte ich in Zeist glücklich an und wurde von meinen Geschwistern mit Freuden empfangen. Auch hatte ich am gleichen Tag in den Versammlungen großen Segen, zuerst bei der Konfirmation der Kinder und dann besonders bei dem Hosianna-Singen. Dergleichen hatte ich noch nie gehört, so dass es mir ganz himmlisch vorkam und mir ungemein rührend war. Auch in den anderen Versammlungen genoss ich viel, besonders da ich die Gnade hatte, zum ersten Mal mit der Gemeine das heilige Abendmahl zu genießen. Die schöne Grabesliturgie und die herrliche Osterfeier beschlossen bei mir die Fülle der Segnungen und ich kehrte mit einem Herzen voll Lob und Dank für alle Gnaden und Liebesbeweise des treuen Heilands nach Haus zurück.

1837 im August ging meine jüngste Schwester, die ich besonders liebte, selig aus der Zeit. Auf meine Frage: Was sie von meinem Vorhaben, in der Gemeine zu wohnen, dächte, sagte sie: „Ja, ich denke, dieses ist für dich das Beste."

Nun entschloss ich mich auch im Namen des Herrn dazu und ließ durch unseren Diaspora-Arbeiter Bruder Berking in Ebersdorf darum anfragen. Ich erhielt die Antwort, dass ich kommen könnte, es würde sich schon Beschäftigung für mich finden. Darauf entschloss ich mich im Namen Gottes zur Abreise und kam am 29. September 1837 in Ebersdorf glücklich an. Da sich nicht sogleich eine bestimmte Beschäftigung für mich fand, verrichtete ich anfangs mehrerlei Arbeit, wie es vorkam. Nun war ich froh und dankbar, dass ich in der Gemeine sein konnte. Auch fand ich unter den Brüdern gleich einige Herzensfreunde, mit denen ich innig verbunden wurde und viele selige Stunden verlebte. Wir suchten uns täglich zur Liebe des Heilands und zum Leben in Ihm aufzumuntern. Dabei erfuhren wir oftmals recht fühlbar Seine Nähe und Seinen Frieden. Unbeschreiblich vielen Segen hab ich in der ersten Zeit im Umgang mit den lieben Brüdern genossen. Besonders war der liebe Bruder Carl Lebrecht Quell, der fast zu gleicher Zeit mit mir zur Gemeine kam, mein besonderer Herzensfreund und wir verbanden uns, ganz für Jesus zu leben.

Im April 1838 reiste ich wieder nach Bremen, um meine Schwester, die von Zeist nach Ebersdorf ziehen wollte, von dort abzuholen. Nach einem herzlichen Abschied von unsren lieben Eltern und Geschwistern kamen wir im August wieder in Ebersdorf an. Im Oktober 1838 erhielt ich zu meiner Freude mit meinem lieben Bruder Quell Erlaubnis zur Gemeine und konnte nun alle Segnungen der Gemeine mit genießen.

Am 13. November 1839 wurde ich in die Gemeine aufgenommen und mit viel Rührung gelobte ich dem Heiland und der Gemeine ewige Treue. Im November 1840 wurde ich im Gemein-Laden mit angestellt, was ich anfangs aus Blödigkeit und im Gefühl meiner Ungeschicklichkeit nicht anzunehmen wagte, aber doch im Vertrauen auf die Hilfe des Heilands annahm. Er half mir auch, dass ich mich hineinfand und bekannte sich bei manchen schweren Proben gnädig zu mir.

Im Frühjahr 1843 fügte es sich, dass das Gareisen-Haus zum Verkauf kam. Weil ich bei den Arbeitern schon einige Mal ausgesprochen hatte, dass ich, wenn es Gelegenheit gebe, mich zu etablieren wünschte, so trug mir der Vorsteher den Kauf des Hauses an. Anfangs stutzte ich und mochte es nicht recht wagen, aber es wurde mir bald klar, dass es vom Herrn gefügt und mir zugewiesen sei. So entschloss ich mich mit vielem Flehen um Seine Hilfe zum Kauf desselben.

Zu Ostern 1843 trat ich aus dem Laden und machte im Sommer des Jahres eine Reise nach Bremen, um meine Angelegenheiten in Ordnung zu bringen. Ich blieb drei Wochen lang dort und nahm dann im Gefühl, dass es mein letzter Besuch bei den lieben Meinigen sei, wehmütig Abschied, besonders von meiner teuren Mutter. Anfang September kam ich wieder in Ebersdorf an. Nachdem das Haus neu repariert und hergestellt war, entschloss ich mich, einen Mehl-, Gemüse- und Getreidehandel anzufangen, was mir auch bewilligt wurde. Mit einem ganz blöden und bangen Herzen, aber durch die Aufmunterung und Teilnahme meiner Schwester und einiger meiner Freunde, wagte ich im Namen des Herrn und im Vertrauen auf Seine mir gegebene Verheißung einen kleinen Anfang zu machen. Den lieben Heiland beschämte auch mein Vertrauen zu Ihm nicht und Er gab mir Geschick und Segen, dass es Fortgang hatte.

Am 22. April 1844 trat ich in den Ehestand mit der ledigen Schwester Catharina Dorothea Hafendörfer, nachdem der Heiland seinen gnädigen Willen dazu durch das Los zu erkennen gegeben hatte. Wir suchten uns nun im Vertrauen auf Ihn und durch

Fleiß und Sparsamkeit ehrlich durchzubringen und Er bekannte sich auch in Gnaden und mit seinem Segen dazu.

Im April 1845 hatten wir statt der gehofften Freude den tiefen Schmerz, dass meine Ehefrau von einem toten Sohn entbunden wurde. In wehmütiger Ergebung beugten wir uns bei dieser herben Erfahrung unter die gewaltige Hand des Herrn. Er schenkte uns auch Gnade und Kraft, auch in dieser Trübsal durch Geduld und Gehorsam Sein zu bleiben.

In unserem Geschäft konnten wir uns des frommen Segens und der gnädigen Hilfe des Heilands bei so manchen schweren und schwierigen Vorkommen stets erfreuen. Besonders in der großen Teuerung des Jahres 1847 wollten uns die Klagen und Nöte der armen Leute, die wir täglich hören mussten, fast ganz niederdrücken. Der Treue und Barmherzige erhörte unser Flehen und ließ ein baldiges Frühjahr und eine gesegnete Ernte erscheinen.

Im März 1848 hatten wir zum zweiten Mal die schmerzliche Erfahrung zu machen, dass meine liebe Frau, nach einer schweren Niederkunft, von einem totgeborenen Söhnlein entbunden wurde. Lange war es uns in dem tiefen Betrübnis darüber, als ob der Heiland sein Antlitz vor uns verberge und mein Herz konnte keinen Frieden finden.

Die seit Anfang dieses Jahres in so manchen Ländern und Ortschaften ausgebrochenen Unruhen hatten mir schon manche Sorge gemacht. Gerade in jenen Tagen, da ich durch ein Fieber das Bett nicht verlassen konnte, kam die Gefahr unserem Ort am nächsten. Da war eben auch der Herr mit seiner Glaubensstärkung und Hilfe am nächsten. Er tröstete meine Frau mit der Gewissheit, dass wir unter Seinem Schutz bewahrt bleiben würden, nichts zu fürchten hätten und Er auch die Gefahr so gnädig von uns abgewandt hat. Er stärkte ihren Glauben mächtig. Durch sie richtete Er auch mein zaghaftes Herz auf. Doch der Schmerz der Wunde, die in unsere Herzen geschlagen war, kehrte immer wieder und störte unsere Herzen im Genuss des Friedens. Erst im Herbst dieses Jahres konnten wir uns zu unserem Trost der Gnade des Heilands wieder recht erfreuen.

Dazu ließ Er uns besonders den Besuch meines lieben Vaters aus Bremen im Oktober und November gesegnet sein. Ach das war eine Freude, die mein ganzes Herz wieder neu belebte. Es war, als wenn mit meinem Vater der Friede Gottes wieder bei uns eingekehrt wäre. Er war nun voll Lob und Dank gegen den guten Heiland und weinte Freudentränen über Seine Liebe und Barmherzigkeit, womit Er ihn jetzt überschüttete. Er hatte 2 ½ Jahre in großer Seelenangst und Anfechtung des Satans zugebracht. Nun war er mit Friede und Freude im Heiligen Geist recht gesegnet, was ihm auch aus den Augen strahlte. Seine kindliche Liebe und Herzvertraulichkeit mit dem Heiland, seine Treue im Gebet und in der Fürbitte für alle die Seinen, die er so treu auf dem Herzen trug, ließ uns unser Zurückbleiben im kindlichen Vertrauen und in der Liebe zum Heiland beschämend fühlen. Das ermunterte uns zu neuer Treue gegen Ihn und stärkte unseren Glauben. Der Heiland segnete uns zu neuer Aufmunterung. Im Anfang des Jahres 1849 besuchte uns mein lieber Schwager Gottlieb Hafendörfer von Bönnigheim, der Bruder meiner Frau.
Auch er genoss, wie mein Vater, hier viel Segen für sein Herz. Mit beiden haben wir uns vor dem Heiland in inniger Liebe verbunden gefühlt.

Soweit er selbst. Seine hinterlassene Witwe fährt fort:
Am Sonntag, dem 8. dieses Monats (Juli) fühlte mein lieber, nun selig vollendeter Mann, Kopfschmerzen. Er ging aus, um sich etwas zu erleichtern, was aber nicht erfolgte. Dabei war er im Herzen bekümmert über sich. Als er wieder nach Hause kam, redete er in der Stille mit seinem Heiland und bat mit Tränen um seinen Trost. Und der Heiland tröstete ihn überschwänglich mit der Vergebung seiner Sünden. So hat Er ihn recht selig vorbereitet auf sein nahes Ende. Denn sogleich darauf musste er

sich in einem fieberhaften Zustand niederlegen. Anfangs schien es nicht bedenklich und bei Anwendung einiger Hausmittel sich zu bessern.

Als aber am 12. sich sein Zustand wieder verschlimmerte, suchte ich mögliche Hilfe für ihn. Hierauf ging es bald besser, bald schlimmer mit ihm. Am Sonntagvormittag hoffte ich schon, dass die Krankheit, ein nervöses Fieber, sich gebrochen habe. Aber nach Mittag stieg das Fieber mit neuer Heftigkeit. Ungeachtet aller treuen Sorge des Arztes und der von ihm angewandten Mittel verschlimmerte sich der Zustand des lieben Kranken immer mehr. An diesem Nachmittag sprach er davon, wie der Heiland ihn so gnädig getröstet habe und wie er sich sehne, zu Ihm zu kommen und diese enge Welt zu verlassen.

Die Nacht von Montag auf den Dienstag verbrachte er wieder ruhiger, sodass ich schon der Hoffnung Raum gab, der Heiland werde ihn mir noch länger erhalten. Aber er hatte es anders beschlossen. Gegen Abend war das Fieber des Kranken wieder heftig. In diesem Zustand blieb er, bis am Mittwoch, dem 18. Vormittag in der 11. Stunde die von ihm ersehnte Stunde schlug. Sein Atem stand still und seine treue, erlöste Seele durfte in die Arme seines lieben Heilands übergehen.

Der Verlust meines lieben seligen Mannes ist für mich überaus schmerzlich. Wenn der Heiland mir nicht so mächtig beistände, könnte ich ihn kaum ertragen. Wir waren doch in inniger Liebe und Vertraulichkeit auf Ihn miteinander vereinigt. Aber ich gönne ihm auch das selige Los, das ihm gefallen ist aufs lieblichste. Bis es auch mir zu Teil wird, will ich mich hier nun umso fester an meinen Heiland anklammern, dass Er mir mein Ein und Alles sei, mit dem Glauben, dass Er, der mir diese Wunde schlug, sie auch heilen kann und wird.

14. Johanne Christiane Albe 1812 - 1853

Da unsere selig vollendete Schwester Albe keinen eigenhändigen Lebenslauf hinterlassen, so kann nur folgendes wenige von ihr mitgeteilt werden.

Sie wurde geboren am 11. Juli 1812 in Lobenstein, und erhielt in der heiligen Taufe die Namen Johanne Christiane Henriette. Ihr Vater war Johann Georg Ernst Adler, Schuhmachermeister, und ihre Mutter Marie Johanne geborene Fischer. Von ihren sechs Geschwistern sind vier frühzeitig heimgegangen und nur noch ein Bruder und eine Schwester am Leben.

Zu Anfang ihres 6. Jahres wurde sie in die Schule eingeführt, in welcher sie bis zu ihrer Konfirmation im Jahr 1826 blieb. Ihre Schulzeit verbrachte sie mit Lust und Eifer zum Lernen und erwarb sich dadurch die Liebe ihrer Lehrer und auch manche Auszeichnung von ihnen. Bald nach dem Austritt aus der Schule kam sie nach Plauen zu ihrer Tante und später in verschiedene Dienste teils zu Verwandten und teils zu Fremden, mit Ausnahme von einigen Jahren, welche sie bei ihrem Bruder in Hirschberg verbrachte. Ihre Dienste waren größtenteils schwer und sie hatte viel durchzumachen. Ihre letzte Dienstzeit verbrachte sie in Klosterlausnitz und da war es wo sie sich, jedenfalls infolge mancher bitteren Erfahrungen, nach Ebersdorf zur Brüdergemeinde sehnte, wo sie früher eine Zeitlang gedient. Das Abblasen einiger Liederverse vom Kirchturm in Klosterlausnitz in einer Neujahrsnacht, hatte ihr Gemüt sehr ergriffen. Wahrscheinlich erinnerte es sie an das in unserer Brüdergemeine bei besonderen Gelegenheiten übliche Posaunenblasen, so dass sie den Entschluss fasste, womöglich nach Ebersdorf zu gehen, um da ein Mitglied der Brüdergemeine zu werden. Diesen Entschluss teilte sie auch bald nebst der erwähnten Ursache ihren Eltern mit. Und mit deren Zustimmung verließ sie im Frühjahr 1838 ihren letzten Dienst und kehrte nach Lobenstein zurück. Sie besuchte von da an öfters die Versammlungen hier in Ebersdorf, die ihr zu großem Segen für ihr Herz gereichten, ganz besonders die Karwoche und Osterzeit. Am 1. Mai 1839 erhielt sie ihrem Wunsch zufolge Erlaubnis zur Gemeine und zog in das hiesige Schwesternhaus. Sie kam bald in die Küche, wo sie stets mit großer Freude und Angelegenheit ihre Arbeit verrichtete, und sich der Liebe und Freundschaft ihrer Chorgenossen zu erfreuen hatte.

Den 1. März 1840 wurde sie in die Gemeine aufgenommen. Sie ließ es sich, soweit es ihre Zeit erlaubte, angelegen sein, einen Schatz von Liederversen aus unserem Brüder-Gesangbuch zu erlernen, die ihr auch in späteren Jahren zu großem Segen gereichten, und schätzte ihr Los, ein Mitglied der Brüdergemeinde zu sein, stets sehr hoch.

Im Jahr 1842 erging an sie der Antrag mit dem ledigen Bruder Johann Peter Albe, Diaspora-Arbeiter in Württemberg, in den Stand der heiligen Ehe zu treten. Nach reiflicher Überlegung schenkte ihr der Herr Freudigkeit, denselben im Vertrauen auf Seine gnädige Durchhilfe anzunehmen. Sie wurden den 25. August 1842 hier in Ebersdorf miteinander zur heiligen Ehe verbunden und vereinigten sich, einzig und allein, um dem Heiland zu leben und zu dienen.

Sie schrieb von ihrem Aufenthalt und Dienst bei der Diaspora in Württemberg nun selbst folgendes in den Lebenslauf ihres seligen Mannes.

Am 8. September reisten wir von Ebersdorf, nachdem wir da noch zum ersten Mal das Ehefest gefeiert hatten, nach Württemberg ab. Die freundliche Aufnahme, die wir besonders hier bei Geschwistern in Schorndorf und Stuttgart fanden, war uns sehr beschämend und ermunternd. Am 21. September kamen wir in Ludwigsburg, dem uns bestimmten Wohnort an, wo wir wieder sehr liebevoll aufgenommen wurden. Nachdem wir uns hier häuslich eingerichtet hatten, traten wir unsere erste Besuchsreise an, auf welcher ich größtenteils meinen Mann begleitete. Im Anfang Mai kamen wir wieder nach Hause. Nach der Geburt unseres ersten Töchterchens Marie am 27. Juni befand ich mich lange in einem sehr leidenden Zustand. Durch Sorgen und Kummer darüber wurden meines Mannes Nerven sehr angegriffen, auch war es ihm schwer, dass er längere Zeit keine Besuchsreisen machen konnte, bis meine Schwester von Lobenstein zu uns kam, die dann gegen 4 Jahre bei uns geblieben ist, sodass dann doch mein seliger Mann, ohne Sorge um mich, die Geschwister auf seinem Arbeitsfelde besuchen und in seinem ihm so lieben Beruf tätig sein, auch ich ihn zuweilen auf seinen Besuchsreisen begleiten konnte. Öfters waren wir in unserer Familie vom Heiland mit Krankheit heimgesucht, aber er hat uns dabei auch seine gnädige Durchhilfe erfahren lassen und uns umso mehr Ursache gegeben zu kindlichem Vertrauen auf ihn und zum Dank für die Beweise seiner Geduld und Liebe.

Im Jahr 1849 hatte mein lieber Mann wieder viel an Brust- und Unterleibsleiden auszustehen. Da sagte er einmal zu mir: Mache dich darauf gefasst, dass du einmal hier die Nachricht erhältst, dass mich der Heiland aus meiner Amtstätigkeit zu sich heimgerufen hat. Der Gedanke daran, dass ich und meine Kinder ihn wohl bald verlieren würden, war meinem Herzen sehr schwer, und er bat mit mir den Heiland um mich und unserer Kinder willen, dass Er ihm wieder aufhelfe und der Heiland erhörte auch unser Flehen noch eine Zeitlang und half gnädig.

Im Dezember 151 kam mein lieber Mann von einer Besuchsreise sehr leidend zurück. Tag und Nacht hatte er nun an den heftigsten Schmerzen zu leiden bis ins neue Jahr. Die angewandte Hilfe seines Arztes blieb ohne Erfolg. Dabei wurde auch ich noch ganz elend durch Herzensangegriffenheit und in dieser Not schrie ich zum Herrn um Seine Hilfe. Wir zogen dann noch einen Arzt aus Stuttgart zu Rate, der den Zustand der Krankheit meines Mannes für höchstgefährlich erklärte. Nach der Verordnung desselben wurde der Kranke sobald als möglich nach Berg gebracht, um dort kalte Wasserbäder zu benutzen. Das schien ihm anfangs gut zu tun, aber bald verschlimmerte sich sein Zustand wieder so sehr, dass ich, um ihn pflegen zu können,

mit meinen Kindern zu ihm nach Berg zog. Zuweilen waren seine
Leiden soweit gemindert, dass wir wieder zu unsrer Stärkung
Verse aus unserem Gesangbuch miteinander singen konnten. Oft
betete er dann auch kindlich ergeben zu seinem Heiland, was
auch meinem Herzen immer sehr zur Erbauung und zum Trost
gesegnet wurde.

Am 1. März, an welchem Tage wir beide in früheren Jahren in die
Gemeine aufgenommen sind, empfahlen wir uns bei der
Erinnerung daran aufs Neue dem Heiland. Als ich hierauf an
unsere älteste Tochter Marie schrieb, welche wir in Königsfeld zur
Erziehung in die dortige Mädchen-Anstalt abgegeben hatten,
schrie mein lieber Mann im Bett plötzlich laut auf und dann über
einen besonderen sehr heftigen Schmerz klagend sagte er: Diesen
Schmerz kann meine leidende Hütte nicht lange ertragen, sei
darauf gefasst, dass ich bald heim gehe. Von dem
herbeigerufenen Arzt vernahm ich, dass mein lieber Mann diese
Nacht nicht überleben werde. Auf meine Frage, ob er gerne
heimgehe, antwortete er: ja, wenn es der Wille des Heilandes ist,
gern, denn in dieser elenden Hütte kann ich euch doch nichts
mehr nützen. Aber ich kann nicht leugnen, wenn der Heiland
mich wieder hätte gesund werden lassen wollen, wäre ich noch
gern bei euch geblieben. Auch sagte er noch, dass ich nach
seinem Heimgang mit unseren zwei jüngsten Kindern nach
Ebersdorf ziehen möge. In dieser Nacht ging er auch noch heim
als ein armer Sünder, der nur durch Jesu Blut allein wollte
gerecht und selig sein. -

Den 8. Juni vergangenen Jahres zog sie mit ihren beiden
jüngsten Kindern hierher ins Witwenhaus und wurde mit Liebe
aufgenommen und gewohnte auch nach und nach immer besser
bei uns ein. Sie genoss von allen Geschwistern, die sie näher
kannten, herzliche Liebe und Teilnahme. Über manches, was ihr
in ihrem Witwenstand und in ihrer neuen Lage schwer sein
wollte, half der Heiland als der treueste Freund an ihrer Seite,
mit dem sie im herzensvertraulichen Umgang lebte, gnädig

hindurch und sie verbrachte in der Stille mit ihm manche selige Stunden.

Die hiesige Gemeine war ihr auch besonders lieb, als der Ort wo sie die Gnade hatte, in den Brüderbund aufgenommen zu werden und wo sie manche selige Erfahrung gemacht hatte, und auch noch mehrere ihrer früheren Freunde vorfand. Auch hatte sie die unbeschreibliche Freude, ihren innig geliebten alten 80 jährigen Vater und einen lieben Bruder, welche beide in Lobenstein wohnten, wiederzusehen, die sie auch öfters hier besuchten, was ihr jederzeit eine große Freude machte. Überhaupt hatte sie eine große Liebe und Anhänglichkeit zu den Ihrigen und nahm an Freude und Kummer derselben den innigsten Anteil. Ihre Mutter, von der sie noch manchmal mit der zärtlichsten Liebe sprach, war ihr schon im Jahr 1850 in die Ewigkeit vorangegangen. Das Wohl und Gedeihen ihrer lieben Kinder lag ihr sehr nahe am Herzen und sie empfahl sie täglich dem Heiland im Gebet zum Segnen und Bewahren und es war ihre angelegentliche Bitte, dass sie zu seiner Ehre und Freude heranwachsen und sein ganzes Eigentum sein und bleiben möchten.

Ihr Mund floss auch öfters über vor Lob und Dank für die vielen Beweise für die Treue und Durchhilfe des Heilandes im Innern und Äußern und sie hatte ein kindliches Zutrauen zu Ihm, dass er ihr durch alles Schwere, das ihr noch bevorstehen könnte, gnädig hindurch helfen werde, und das Vertrauen hat er ja auch nicht beschämt. Obgleich sie öfters an heftigen Kopfschmerzen und Herzens-Angegriffenheit, die noch eine Folge ihrer früheren schweren Krankheit gewesen, zu leiden hatte, so konnte sie doch ihre Kinder und alle ihre kleinen Haushaltungs-Geschäfte selbst besorgen und wiewohl es ihr manchmal recht schwer wurde, so wollte sie doch keine Hilfe annehmen und sagte, dass sie alles so lange als möglich selbst besorgen wolle.

Den 14. März bekam sie starken Kopfschmerz und fühlte sich sehr unwohl, so dass sie sich wieder legen musste. Man zog auch bald einen Arzt zu Rate, zu dem sie besonderes Zutrauen hatte und der sie mit großer Treue behandelte. Sie hatte in ihrer

Krankheit außerordentlich viel an Kopfschmerz und Krampf durch den ganzen Körper zu leiden und es war ihr oft auch schwer und bange dabei. Sie bat die sie besuchenden Schwestern den Heiland für sie zu bitten, dass er ihr Leiden lindern wolle. Besonders waren ihr die Nächte sehr schwer und beängstigend. Doch hatte sie auch wieder ruhigere Augenblicke, in denen sie sich gegen einige sie besuchende Freunde äußerte, dass sie sehr gern heimgehen möchte und auch beruhigt über ihre Kinder wäre. Der Heiland, der treueste Vater der Witwen und Waisen werde gewiss auch für sie sorgen. – Doch glaubten wir nicht, dass ihr Ende so nahe sei. Den 26. morgens halb 7 Uhr sagte sie noch, dass die vergangene Nacht besser und leichter gewesen als alle die vorhergehenden und verlangte etwas zum Frühstücken, und während ihre Wärterin ihr dasselbe machte, trat eine gänzliche Lähmung ein, die sie sogleich ihrer Sprache und ihres Bewusstseins beraubte. Wir sahen nun, dass der Heiland mit ihrer Vollendung eile. Nachdem ihr noch der Segen des Herrn zu ihrer Heimfahrt erteilt wurde, bekam ihre erlöste Seele Erlaubnis überzugehen in Jesu Arme und Schoß, zum Vollgenuss des Friedens, der ewigen Heimat, und einstimmen in die Loblieder der Erlösten vor Gottes Thron.

Obschon wir den hinterlassenen noch unerzogenen Kinder die treubesorgte Mutter gerne noch mehrere Jahre hienieden zu behalten gewünscht hätten, so können wir doch nicht anders, als der seligen Entschlafenen ihr köstliches Los, nun beim Heiland daheim zu sein und von allen Erdensorgen und Leiden befreit an des Heilands Wunden sanft auszuruhen, von ganzem Herzen gönnen.

Ihre Wallfahrt hienieden hat gewährt 40 Jahre, 8 Monate und 15 Tage.

Ihre Ehe war mit 5 Kindern gesegnet, wovon 2 ihr schon in die Ewigkeit voraus gegangen sind.

15. Christiane Caroline Friederike Avianus 1821-1860

Lebenslauf der am 24. Oktober 1860 heimgegangenen verheirateten Schwester Christiane Caroline Friederike Avianus.

Ihr hinterlassener Gatte schreibt:

Da meine liebe selige Frau keinerlei schriftliche Nachrichten von ihrem Gang durch diese Zeit hinterlassen, so sehe ich mich genötigt, dies wenige hiermit niederzuschreiben.

Ihre Eltern, von denen die Mutter noch am Leben ist, waren Carl Gottlieb und Henriette Scherff, geborene Koch, welche in Eisenberg ein Beutler-Geschäft betrieben, womit sie sich und ihre Familie redlich nährten. Nach christlichem Gebrauch wurde sie bald nach ihrer Geburt am 2. Juni 1821 dem Herrn in der heiligen Taufe geweiht und erhielt die Namen Friederike Caroline Christiane. Nach der nötigen Entwicklung besuchte sie mit Lust und Liebe die Schule und erzählte gern davon, wie sie im Religions- und Konfirmationsunterricht öfters zu Tränen gerührt worden wäre über das Leiden des Herrn.
Da sie ein sehr munteres und lebhaftes Kind war, so wurde sie von ihrem Vater, der mehrere Jahre unter den preußischen Husaren gedient hatte, wenn auch in Liebe, doch mehr streng erzogen und gehalten, wofür sie aber als erstes Enkelkind von ihren Großeltern mit viel Herzlichkeit und Zärtlichkeit behandelt wurde, weshalb sie sich auch gern viel bei denselben aufhielt.
Da ihre Eltern mit vielen Kindern gesegnet waren, so wurde sie als das älteste von zehn Geschwistern, von denen nun nur noch eines und zwar das jüngste lebt, bald zur Unterstützung in der Wirtschaft und Profession herangezogen. Sie zeigte auch dazu viel Geschick und Lust und sollte auch die Früchte ihres Fleißes bald zu sehen bekommen, denn kaum war sie der Schule entwachsen, so ging ganz schnell und unerwartet ihr Vater im besten

Mannesalter aus der Zeit. Mit der innigsten Teilnahme und Rührung hörte ich immer gern, wie sie da bei vielen Krankheitsfällen um Durchhilfe zum Herrn gebetet, und wie der gnädige und barmherzige Herr ihre Bitten erhört und sie nicht hat zu Schanden werden lassen. Auf ihrer und Ihrer lieben Mutter Hände Arbeit ruhte sichtbar der Segen des Herrn, denn sie konnten sich nicht nur anständig nähren, sondern auch die bei Lebzeiten des Vaters durch Krankheiten und mancherlei Unfälle gemachten Schulden nach und nach abtragen, sowie auch ihre Anlage vermehren und somit das Geschäft mit mehr Vorteil betreiben.

Durch diese und vielerlei andere Erfahrungen bei der Erziehung ihrer Geschwister gewann sie für das Leben eine Bestimmtheit und Charakterfestigkeit, weshalb sie bei ihren Verwandten, Bekannten und Freunden in vieler Achtung stand.

Als der Herr nach seinem unerforschlichen Ratschluss im Jahre 1848 meine erste liebe selige Frau geborene Walther vom Glauben zum Schauen abrief und ich infolge dessen 1850 im Begriff war, von Eisenberg hierher zu ziehen, da wurden meine damals lebenden vier Kinder gleichzeitig krank. In dieser Lage, und da ich meine Haushälterin, eine kranke, schwache aber treue Person, unter diesen Umständen nicht mit hierher nehmen konnte, erzählte ich einem Bruder in Eisenberg meine Lage und fragte ihn, ob meine nun selige Frau, die ich damals kaum dem Namen nach, er sie aber von Jugend auf genau kannte, eine gläubige, demütige Jüngerin des Herrn sei, und ob sie eine treue liebevolle Mutter für meine Kinder sein könnte und würde, worauf dieser Bruder mir die besten Versicherungen und Hoffnungen machte, dass ich gewiss alle die guten Eigenschaften an ihr finden würde, die ich suchte für mich und meine Kinder. Ich suchte sie hierauf kennenzulernen, wollte mich aber nur mit Genehmigung des Herrn durchs Los verehelichen, welches aber auf meine Bitte die hiesige Konferenz in diesem Falle nicht vornehmen zu können glaubte, deshalb meine nun selige Frau selbst durchs Los den Herrn fragte, und von ihm die Genehmigung erhielt. Ich nahm sie aus der Hand des Herrn mir gegeben an.

Am 16. April 1850 wurden wir zur heiligen Ehe verbunden und zogen am 29. Mai desselben Jahres hierher. Die viele Liebe, die ihr von Seiten der lieben Geschwister namentlich der lieben Schwester Bellwitz zuteil ward, milderte ihr die große Sehnsucht nach der von ihr aufs herzlichste geliebten Mutter. Nach und nach fühlte sie sich heimatlicher und es gefiel ihr hier immer mehr. Auch besuchte sie zum Segen für ihr Herz gern die Versammlungen. Am 13. August 1850 wurde ihr die Gnade zuteil, in die Gemeine aufgenommen zu werden.

Unter mancherlei Freud und Leid, aber oft recht fühlbarer Gnade des Herrn haben wir nun 10 Jahre hier verlebt und stets Ursache zu viel Lob und Dank gehabt, namentlich hat mir der Herr meine flehentliche Bitte bei unserer Verheiratung, uns mit Gesundheit zu segnen, bis daher in Gnaden gewährt. Zu dieser Bitte fühlte ich mich besonders gedrungen, indem jahrelange schwere Krankheiten in meiner ersten sehr glücklichen Ehe der Herr uns aufzulegen für gut befunden hatte, um uns mehr zu sich zu ziehen.

Nach sieben glücklich überstandenen Wochenbetten erholte meine zweite Frau sich mit des Herrn Hilfe jedes Mal bald wieder. Sie konnte sich fast stets einer sehr dankenswerten Gesundheit erfreuen, obwohl mancher herbe Schmerz bei Heimgängen von mehreren lieben Kinder sie tief durchdrang.

Da sie bis zu ihrer letzten Zeit auch wieder ganz kräftig und gesund war, sodass sie alle häuslichen Verrichtungen ungehindert verrichten konnte, so war ich auch bei ihrer letzten Krankheit nicht außergewöhnlich besorgt, besonders da die Wartefrau ihre Verhältnisse als gut erkannte. Jedoch bald musste unser Arzt gerufen werden, welcher leider erst nach einem Zeitverlust von 2 Stunden erscheinen konnte. Mit tiefem Schmerz gewahrte ich im entscheidenden Moment eine

Veränderung ihrer Gesichtszüge, und als ich den Arzt darauf aufmerksam machte, war sie schon verschieden und hinüber gerückt ins Reich der Genesenen und Gesunden, wahrscheinlich infolge eines Schlagflusses.

Welche Betrübnis, dann Kummer und Schmerz mich überfiel, vermag ich nicht zu beschreiben. Ich gab ihr noch mit Handauflegung den Segen des Herrn. Der Herr sei ihrer teuren erlösten Seele gnädig und schenke ihren drei zurückgelassenen Kindern und ihrem Gatten und Mutter die Gnade, uns fest und allein auf Sein vollgültiges Verdienst zu stützen, damit wir einst auch der ewigen Seligkeit teilhaftig werden mögen. Besonders schmerzlich noch war es, dass sowohl ich wegen der unvorhergesehenen Gefahr als auch die Kinder wegen der Umstände nicht ein Wort des Abschiedes, des Dankes und der Liebe ihr bringen konnten, denn wenn auch öfters Gesinnungs-Verschiedenheiten zwischen uns obwalteten, so war sie doch eine treue besorgte liebevolle Mutter und Gattin. Ihr Leben hat sie gebracht auf 39 Jahre, 4 Monate, 3 Wochen und 2 Tage.
Für die vielen Beweise der herzlichsten Teilnahme allen lieben Geschwistern und Freunden unseren innigsten Dank.

16. Johann Jakob Kreiselmeier   1824 -1895

In einem 1949 verfasste Bericht über 100 Jahre Familie
Kreiselmeier in Ebersdorf schreibt Paul Kreiselmeier:

Aus dem Leben meines Großvaters Johann Jakob Kreiselmeier,
geboren am 23 Februar 1824 in Buchheim (Pfalz), ist folgendes
zu berichten:
Im Oktober 1848 kam er zum ersten Mal nach Ebersdorf, um
zwei Landwirtschaften zu besichtigen, welche hier verkäuflich
waren. Die erstere gehörte einem Bruder Schmitt, Seifensieder,
und die andere zwei Brüdern Nicola und Johannes Hänger.
Letztere war bis 31. Juli 1832 die Ökonomie des hiesigen
Brüderhauses.

Am 9. März 1849 kam der ledige Bruder Johann Kreiselmeier,
der beide Landwirtschaften gekauft hatte, mit seinem Vater
Johannes Kreiselmeier aus Buchheim hier an. Letzterer hatte
zuvor seine Landwirtschaft in Buchheim seinem ältesten Sohn
Johannes, geboren am 14.10.1821, übergeben. Der Sohn war
recht dankbar, dass sein Vater ihm hierher gefolgt war. Konnte er
ihm doch mit Rat und Tat zur Seite stehen. Der Anfang hier war
nicht leicht, da die klimatischen und wirtschaftlichen
Verhältnisse ganz anders waren als in der reich gesegneten
Rheinpfalz. Er musste sich gänzlich umstellen und hat sein
Leben lang hart arbeiten müssen, um vorwärts zu kommen, was
ihm im Vertrauen auf Gottes Hilfe auch gelungen ist.
Am 23 Februar 1853 verkaufte er die eine der beiden
Landwirtschaften an einen Bruder Bretschneider aus Neuwied,
um sich der anderen, welche eine bessere Lage hatte, mehr
widmen zu können. Nun galt es im und am Hause viel zu
erneuern und umzubauen, da es sich in einem schlechten
Zustand befand. Besonders der Stall musste ganz und gar
erneuert werden, und da konnte besonders sein Vater mit reichen
Erfahrungen ihm zur Seite stehen.

Leider war das Zusammenleben von sehr kurzer Dauer. Am 3. Dezember 1849 erkrankte sein Vater ganz plötzlich an einem Bruchleiden und ging am 8. Dezember 1849 im festen Glauben an seinen Erlöser heim. Am 14. Dezember wurde er als erster unseres Geschlechtes auf dem hiesigen Gottesacker der Brüdergemeine beerdigt.

Besonders durch die wirtschaftlichen Verhältnisse war mein Großvater genötigt, sich nach einer Lebensgefährtin umzusehen. Das war damals in der Gemeine nicht ganz einfach. Am 20. April 1849 stellte er einen Antrag auf Verheiratung bei der hiesigen Ältesten-Konferenz, welcher auch als dringend notwendig anerkannt wurde. Am 18. Mai teilte er der Ältesten-Konferenz mit, dass er die ledige Schwester Katharina Weber aus Neuwied zu heiraten gedenkt. Aus diesem Grunde schrieb der damalige Prediger der Brüdergemeine Bruder Bellwitz an die Neuwieder Ältesten-Konferenz, ob sie mit der Wahl des ledigen Bruder Kreiselmeier einverstanden sei. Am 1. Juni kam der Bescheid von Bruder Dober aus Neuwied, dass die dortige Ältesten-Konferenz mit der Wahl einverstanden sei. Der Antrag an Schwester Weber wurde sofort gestellt und von ihr mit Ja beantwortet. Am 23. Juli desselben Jahres kam die ledige Schwester Katharina Weber aus Neuwied hier an und am folgenden Tage, dem 24. Juli, wurde die Trauung in dem hiesigen Kirchensaal durch Bruder Bellwitz vollzogen. Katharina Weber war auch eine Pfälzerin und wurde am 30. April 1822 in Mutterstadt geboren, wo ihre Eltern eine Landwirtschaft besaßen. Nach ihrer Konfirmation kam sie nach Neuwied und trat dort zur Gemeine.

Am 8. Mai wurde dem jungen Paar ein Knabe geschenkt, welcher in der Taufe am 14. Mai 1850 den Namen Johannes Friedrich erhielt. Doch sollten sie sich ihres Glückes nicht lange erfreuen. Nach der Geburt erkrankte Katharine, sodass sie nicht mehr die Arbeit voll verrichten konnte. Aus diesem Grunde traf im Sommer 1850 ihre liebe Mutter wohlbehalten hier ein. Je kränker sie nun wurde, umso dankbarer war sie, ihre Mutter hier zu haben, schon um ihres Kindes willen. Am 6. Januar 1851 zeigte es sich deutlich, dass es dem Herrn mit ihrer Vollendung eile und um 2 Uhr nachmittags holte sie der Herr in das Reich der Gesunden. Ihr Mann schrieb am Ende ihres Lebenslaufes, dass unser aller Ende so sein möge, wie das dieses seligen Herzens. Am 14. Januar wurde sie auf dem hiesigen Gottesacker zur Ruhe gebracht.

Großvater hatte nun schon zum zweiten Mal, seit der hier in Ebersdorf weilte, tiefes Leid erfahren müssen. Nun stand er wieder mit dem kleinen Söhnchen Johannes ohne Frau und Mutter da. Er sah sich gezwungen, zum zweiten Mal nach einer Lebensgefährtin zu suchen. Dies hat ihm viel Sorge und Enttäuschung gebracht. Nachdem er im September selben Jahres den Wunsch äußerte, sich wieder zu verheiraten und mehrere für ihn vorgeschlagene Schwestern durch das Los des Heilands mit Nein beschieden wurden, reiste er im Oktober nach Gnadau, wo ihm drei zur Wahl gestellte Schwestern ebenfalls durch das Los verneint wurden. Endlich am 18. Februar 1852 gab ihm der Herr die passende Lebensgefährtin. Er verlobte sich mit der ledigen Schwester Margarethe Schmitt, welche in der Küche des hiesigen Schwesternhauses angestellt war. Margarethe Schmitt wurde am 14. Dezember 1824 in Hadermannsgrün/Bayern geboren, kam später in die hiesige Gemeine und wurde 1842 zur Gemeine aufgenommen. Am 18. April 1852 schlossen beide den Bund der Ehe im hiesigen Kirchensaal.
Es wurden ihnen dann drei Kinder geschenkt:
    Marie, geboren am 13. Dezember 1853
    August (mein Vater), geboren am 26. Dezember 1854
    Hermann, geboren am 30. April 1860.

Im Jahre 1869, am 27. Februar, abends zwischen 7 und 8 Uhr, brannte die alte Scheune, welche entlang der Straße stand, ab. Die ganze Familie saß gerade beim Abendessen, als plötzlich der

Ruf „Feuer" ertönte. Und als das Fenster geöffnet wurde, mussten sie mit Schrecken feststellen, dass es die eigene Scheune war, die brannte. Die neue Scheune wurde wieder in demselben Jahr durch Zimmermeister Krauß aus Schönbrunn, einem Großonkel meiner lieben Frau, erbaut. Eine Urkunde wurde in einer Flasche an der rechten unteren Ecke der Scheune eingegraben. Als wir im Jahre 1936 ein Futtersilo an die Scheune bauten, wurde die Flasche gefunden. Eine Urkunde war nicht mehr vorhanden. Mäuse hatten sich Eingang in die Flasche verschafft und das Papier zerfressen.

Eine Abschrift der Urkunde befindet sich noch in unserem Besitz. Großvater schreibt da unter anderem folgendes:

Ferner sei bemerkt, dass wir jetzt schon drei Jahre sehr geringe Ernten besonders im Futter hatten, und da war der Klee, welcher ganz missraten war. Auch dieses Jahr ist der Klee wieder ganz schlecht, dagegen verspricht die Getreide- ernte eine gute Mittelernte zu werden.

Die Getreidepreise sind gegenwärtig folgende:

Ein Achtel Weizen	1 Taler	6 - 10 Silbergroschen
Ein Achtel Korn	1 Taler	4 - 6 Silbergroschen
Ein Achtel Gerste	1 Taler	
Ein Achtel Hafer	18 - 20 Silbergroschen	
Ein Achtel Kartoffeln	8 - 10 Silbergroschen	
Ein Schock Stroh	8 – 10, ja auch 12 Taler	
	sonst noch nicht erlebt worden.	

Endlich ist noch zu bemerken dass wir unter der milden Regierung unseres geliebten Landesfürsten Heinrich XIV, geboren 28. Mai 1832, ein stilles und geruhiges Leben führen können in aller Gottseligkeit und Ehrbarkeit.

Die Schlussworte der Urkunde sind folgende:

Möge unser lieber Herr seinen Segen zu dem Bau der Scheune geben und die Scheune recht lange für Kind und Kindeskind bewahren und erhalten. Möge er auch unsere Felder segnen, dass der Garben Fülle unsere Herzen erfreue. Möge er unsere Herzen aber auch als vollwichtige Garben in seine ewigen Scheunen einsammeln, damit keines als leeres Stroh in das ewige Feuer wandern muss. Das schenkte er uns allen aus Gnaden. Amen.

Ebersdorf, den 18. Mai 1869 .

Auch eine besondere Bewahrung hat er erfahren dürfen. Er schreibt darüber am 22. Juli 1866 folgendes:

Wenn ich mir heute überlege,
wie du über mich gewacht,
Wie auf meinem Lebenswege
du so treulich mein gedacht,
Sollte ich zu deinen Füßen
lebenslang in Dank zerfließen.
Mir hat heut in unserem Stalle
 ein Pferd einen Schlag versetzt.
Doch mein Gott hat diesem Falle
noch ein gutes Ziel gesetzt.
Denn ich war ihm ziemlich nahe,
als des Pferdes Schlag geschahe.
Nimm mich daraufhin aufs Neue,
Herr, zu deinem Eigentum,
Schenk mir deine Lieb und Treue,
mir zum Heil und dir zum Ruhm.
 Lass auch ferner sein Erbarmen
sichtbar werden an mir Armen.

So vergingen die Jahre bei aller Mühe und Arbeit, und in der Winterzeit wurde viel Brennholz angefahren. Kohlen gab es noch keine hier, da die nächsten Bahnstationen 20 bis 25 km entfernt lagen und die Anfuhr der Kohlen sehr zeitraubend und teuer war. Holz gab es dazumal in Mengen, und da möchte ich auch zu Papier bringen, was Großvater über einen Forst geschrieben hat:

Warum heißt doch dieses Holz Streitwald (bis auf den heutigen Tag) und nicht Friedens-Stätte? Darum, weil vorzeiten stolz sich zwei Fürsten darum stritten, jeder wollt es gerne haben, jeder Waldbesitzer sein. Darum war der Fried begraben, Streit und Habsucht zogen ein. Ist der Wald doch groß genug, dass sich zwei drein teilen können, dann könnt man mit Recht und Fug Friedwald ihn statt Streitwald nennen. Denk doch von der Otterleite bis zum End des Forstorts Brand, von der Remptendorfer Seite bis zur Grenz' ans Preußenland. Was ist das doch für ein Raum, wohl der größte der Forsteien, wo sich artig Baum an Baum in gewaltigen Gruppen reihen. Buche, Tanne, Fichte, Kiefer, alle wachsen um die Wett'. Und die Esche hin und wieder, zeigt von ihrer Majestät. Has' und Rehe gibt's fürwahr, dass dem Förster 's Herz tut lachen, und am Bächlein frisch und klar, kann der Fuhrmann Frühstück machen. Wenn im Frühjahr Vögel singen, und der Sommer Schatten gibt, tut der Herbst das Geld einbringen, Winter macht's wie's ihm beliebt. Doch auch seine Schattenseiten hat der Streitwald ohne Fehlen, wenn man fährt zur Otterleite, kann man nicht die Löcher zählen. Auch das Stehlen ist zu Hause, freilich zu des Försters Schmerz, haben dort in jener Klause sie mein Holz mir ausgemerzt.
Auch nicht wen'ger schlimm fürwahr ist, dass man kein Holz darf fahren, wenn es vorher nicht ganz und gar abgemacht ist mit bezahlen. Diese Übel hängen von der Menschen Schwachheit ab, lassen sich auch nicht verdrängen, finden nirgendswo ihr Grab.

Und nun zum Jahre 1889, welches wieder ein Trauerjahr für den Großvater werden sollte. Seine Tochter Marie, welche inzwischen von Gefell im Vogtland mit ihrem Manne Franz Dierks nach Rohrbach bei Heidelberg gezogen war, gab den Anlass, dass seine Frau zu Besuch dorthin fuhr. Leider konnte sie nicht mehr zu ihren Lieben zurückkehren. Sie erkrankte dort und ging daselbst heim. Im Jahre 1909 reiste mein Vater nach der Pfalz und wollte bei dieser Gelegenheit das Grab seiner lieben Mutter besuchen, konnte es aber nicht finden. Zweieinhalb Stunden bei ziemlicher

Kälte suchte er zusammen mit dem Totengräber anhand des Buches, in welchem die Toten der Reihe nach aufgezeichnet waren. Später erfuhren wir, dass auf dem Rohrbacher Friedhof an dieser Stelle eine Kapelle errichtet worden war.

Noch einmal, im Jahr 1890, verheiratete sich mal Großvater mit einer verwitweten Schwester Hoffmann, welche er nicht mehr überlebte. In den letzten Jahren seines arbeitsreichen Lebens klagte er oft über große Mattigkeit vor allem in den Beinen. Am 21. Januar 1895 holte der Herr nach kurzem Krankenlager ihn heim in sein himmlisches Reich.

Da ein Lebenslauf trotz aller Bemühungen nicht zu finden war, was mich sehr verwundert, da Großvater bei aller Arbeit in seinem Leben viel zu Papier gebracht hat, habe ich einiges aus seinem Leben hier aufgeschrieben.

Am 9. März 1949 waren 100 Jahre verflossen. Ich habe versucht, ein Lebensbild von meinem Großvater zu entwerfen, um es den Nachkommen zu erhalten. All unser Dank folgt ihm in die Ewigkeit nach.

Bis hierher hat uns Gott gebracht, durch seine große Güte,
bis hierher hat er Tag und Nacht bewahrt Herz und Gemüte,
bis hierher hat er uns geleit, bis hierher hat er uns erfreut,
bis hierher uns geholfen.

Hab Lob und Ehre, Preis und Dank, für die bisherige Treue,
die du, o Gott, uns lebenslang bewiesen täglich neue.
In mein Gedächtnis schreibe ich an, der Herr hat Großes uns getan,
bis hierher uns geholfen.

Ebersdorf, den 9. März 1949
gez. Paul Kreiselmeier.

17. Johanna Friedericke Rosalie Meck 1830 -1908

Lebenslauf der selig vollendeten und verwitweten Schwester
Johanna Friedericke Rosalie Meck, geborene Axt

Drum dank' ich's meinem Herrn,
Der mir es hat gegeben,
Dass ich so herzlich gern
Von Gnade nur will leben,
Denn Eig'nes hab ich nicht,
Dass mich zufrieden spricht,
So gilt auch Nichts vor Gott,
Als Christi Blut und Tod!

Geboren wurde ich in Arnstadt, den 30. Dezember 1830 als das
erste von acht Kindern meiner lieben Eltern Christian Axt und
Caroline, geb. Heinze.
Viel Mühe und Arbeit machte ich meiner treuen Mutter, da kaum
ein Jahr alt, sich die sogenannte englische Krankheit im
höchsten Grade bei mir zeigte und an deren Folgen ich bis zur
Konfirmation gelitten hatte. Ich ging schon Jahre lang in die
Schule, als die Kuren noch nicht ihr Ende erreicht hatten. Mein
Aussehen verriet es, ich war immer sehr blass. Auch blieb ich im
Wachsen zurück. Ich erinnere mich, dass die gute Mutter am
Konfirmationstag, der die Eltern besonders ergriff, zu mir sagte:
„Oh, möchte ich nur einmal einen roten Backen an dir sehen."
Die Eltern waren ganz bewegt, dass ich mit Gottes Hilfe nun doch
so weit gekommen und am Leben geblieben war.
Das Lernen wurde mir sehr leicht, ich habe deswegen nie eine
Strafe bekommen und bin sogar nach der Konfirmation noch
einige Male zum Besuch in die erste Klasse gegangen, weil es mir
bange nach der Schule tat. Die guten Eltern, denen mein
Lerneifer Freude machte, ließen mich noch in Privatschulen
gehen, was ich ihnen von Herzen dankte. Doch man könnte aus
Obigem so viel Selbstlob heraus lesen, was durchaus nicht in

meiner Absicht liegt. Denn ich hatte auch viele Fehler, wie es so leicht geht, dass einem kranken Kind Vieles nachgesehen wird, da wächst der Eigensinn und Eigenwille.

Als ich kräftiger wurde, mussten die Eltern die nötige Strenge verwenden, was mir natürlich nicht immer gefiel. Nach meiner Konfirmation sollte ich nun meiner lieben Mutter so viel, als es in meinen Kräften stand, im Haushalt helfen. Leider ging zu unserm unbeschreiblich großen Schmerz die Mutter drei Wochen darauf aus der Zeit. Wir verloren viel und der Vater war trostlos. Das neugeborene Söhnchen wurde in einem Sarg mit Mutter begraben. Was das bedeutet, wenn sieben Kinder, wovon das älteste 14 Jahre und das jüngste 4 Jahre alt ist, die Mutter verlieren, kann nur jemand begreifen, der es selbst erfahren hat. Die Eltern der lieben Mutter lebten noch, doch beide schon in den siebziger Jahren. Sie griffen, wo sie konnten, helfend ein. Auch fand sich in einer älteren Person, eine passende Haushälterin. Aber nichts konnte dem Vater seine Frau und uns Kindern die Mutter ersetzen. Wie habe ich mich da gefreut, als ich einmal träumte, die Stubentür ging auf, Mutter trat herein und sagte: „Ich muss doch einmal sehen, wie es meinen Kindern geht". Wie betrübt war ich, als ich erwachte.

Nach diesem harten Schlag war Vaters Gesundheit gebrochen. Sonst ein gesunder und kräftiger Mann, fing er an zu kränkeln und schleppte sich so hin. Aber es wurde ihm sehr schwer, sich in Gottes Wege zu finden. Ich musste dann abends, wenn die jüngeren Geschwister zu Bette waren und er zum Gebet niederkniete, daneben knien und mit ihm beten. Das war eine ernste Zeit. Er leitete mich an, die Bücher zu führen, den Lederverkauf zu besorgen und Geschäftsbriefe zu schreiben, weil er wohl fühlen mochte, es geht bergab.

Zum Glück hatten wir einen recht braven Gesellen, der Vater vertrat, sodass nicht gerade zu viel Schaden in der Gerberei entstand. So verging ziemlich ein Jahr. Vater konnte noch auf sein, aber wenig oder nichts arbeiten, da sich die Wassersucht ausbildete. Natürlich brauchten wir immer den Arzt. Da geschah es eines Tages, dass die Haushälterin, die etwas auf dem Scheunenboden holen wollte, fiel und das Bein brach und sich auch sonst noch verletzte. Mir fiel auf, dass sie so lange nicht zurückkam. Ich suchte sie und fand sie, das ganze Gesicht und die Hände voll Blut in der Scheune liegend; wie bin ich da erschrocken.

Vater war den Tag Geschäfte halber nach Erfurt gefahren und als er zurückkam, mussten wir ihm, dem Kranken, sagen, dass wir sie hatten ins Krankenhaus tragen lassen. Sie war eine sehr brave Person und passend für uns Kinder. Ich war doch noch zu wenig, um den Haushalt zu führen. Das schlug ihn aufs Neue nieder. Doch half die gute Großmutter. So ging es immer mehr bergab mit Vaters Gesundheit. Er fühlte es auch und besprach mit mir Mancherlei die Gerberei betreffend. Ich musste Vieles notieren, damit wir nach seinem Tod nicht geschädigt wären. Er bat auch selbst noch einen Freund, unser Vormund zu werden und da lauter unmündige Kinder da waren, sich väterlich unserer anzunehmen, was die Hinterlassenschaft betraf. Leider hat dieser Freund Vaters Wunsch nicht erfüllt, ja gerade das ganze Gegenteil getan und ein sehr trauriges Ende genommen.

Am 17. April 1846, zwei Tage vor seinem 42. Geburtstag ging Vater aus der Zeit, ich als Älteste erst 15 Jahre alt, das jüngste der Geschwister 4 Jahre. Noch heute, nach mehr als 50 Jahren, erinnere ich mich des Gefühls, welches mich durchging, als Vater die Augen schloss. Es war das Gefühl, nun seid ihr ganz Waisen. Die lieben Großeltern mütterlicherseits nahmen sich sehr unserer an. Wir Geschwister mussten uns nun trennen und kamen teils zu Verwandten, teils zu befreundeten Familien. Ich sollte nach Neudietendorf ins Schwesternhaus. Da aber meiner schwachen Gesundheit das viele Sitzen nicht gut getan haben würde, kam ich in eine Familie, die ich heute noch in sehr gutem Andenken habe. Die Arbeit war meinen Kräften angepasst, sodass ich mich da lange Jahre glücklich fühlte.

Dazwischen lernte ich auch das Leben im Schwesternhaus kennen, wo ich eine Zeitlang wohnte, mit Schneidern und

Weißnähen mich beschäftigend. Dann kehrte ich wieder in die erstgenannte Familie zurück, wo mein lieber Mann mich später als Braut holte. Ziemlich 10 Jahre war ich in Neudietendorf. Als mich meine Großeltern dorthin taten, war es nur der Gedanke, mich in guten Händen zu wissen. Obgleich sie die Brüdergemeine schätzen, dachten weder sie noch ich daran, ein Mitglied derselben werden zu wollen. Im Gegenteil sie wünschten es nicht. Fünf Jahre war ich bereits in obengenannter Familie, während dem die lieben Großeltern aus der Zeit gingen.

Die anderen Verwandten machten mir allerlei Vorschläge, um mich wieder in Arnstadt zu haben, da sie merkten, ich wollte mich zur Gemeine melden. Und nun gab es keinen kleinen Kampf. Ich hatte viel Segen in den Versammlungen und war zu der Überzeugung gelangt, hier findest du Nahrung für deine Seele und bist geborgen vor manchen Versuchungen, denn ich hatte den lieben Heiland als meinen Heiland erkannt. In Arnstadt wurde mir äußerlich manches geboten und auch klar gemacht, dass man überall ein dem Herzen wohlgefälliges Leben führen kann, was ganz gewiss wahr ist. Kurz, es war schwer, denn Arnstadt war ja meine liebe Vaterstadt, da wohnten meine Geschwister und Verwandte. In Neudietendorf hatte ich niemanden von den Meinen.

Da kam das Schwesternfest heran, ich feierte es mit und es war mir so gesegnet, dass ich kurz entschlossen zur Pflegerin (Schwester Meyer) ging und um die Aufnahme bat. Diese von mir hochgeachtete Schwester sprach recht mütterlich mit mir und ich glaubte, nun bist du bald geborgen und der Kampf ist zu Ende. Doch als meine Verwandten diesen Entschluss hörten, waren sie nicht damit einverstanden. Es wurden mir wieder allerlei Vorschläge gemacht, so dass ich wirklich ins Wanken kam. Dann wurde mir klar, sagt das Los nein, soll es nicht sein und du gehst nach Arnstadt zurück. Gar manchmal wünschte ich es, denn die Heimat zog mächtig. Hatte ich doch im ersten Jahr arges Heimweh gehabt und das kam ab und zu noch manchmal. So kam das Gemeinfest heran und ich wurde zum ersten Mal ins Los genommen. Es hieß: Ja!

Am 2. Dezember wurde ich in die Gemeine aufgenommen. Eine meiner Schwestern kam zu diesem feierlichen Tag. Und ich habe mich in der Brüdergemeine glücklich gefühlt und viel Segen in den schönen Versammlungen genossen. Wie viel habe ich meinem lieben Heiland zu danken. Davon will ich schweigen, nur eins möchte ich erwähnen, es war das Morgensegen-Buch von Goßner, welches mit seinem herrlichen Inhalt an mein Inneres gewaltig klopfte und mir klar machte: Suche Jesu und sein Licht, alles andere hilft dir nicht!

Gottlob der Herr gab Gnade zum Suchen. Mir ist eine Stelle in einer Osterbetrachtung seitdem besonders wichtig geworden: "Wenn Er mich nicht nur so beim Namen ruft, wie die Maria! So bin ich durch alle Ewigkeiten hindurch selig!"   Wir haben manches Jahr in Abwechslung den Goßner gelesen. Mein lieber seliger Mann liebte ihn auch sehr mit seinen herrlichen Liedern und lasen wir diese Stelle, war ich tief bewegt und seufzte wohl jedes Mal im Stillen zum Herrn: „Oh, nenne mich einst die Deine, ja beim Namen.“

Mit der Zeit söhnten sich die Verwandten mit meinem Entschluss aus. Meine Geschwister besuchten mich fleißig und wurden stets liebevoll in der Familie, wo ich war, aufgenommen. Auch ich war recht vergnügt und fühlte mich nicht als fremd, sondern wie zur Familie gehörend. So kam mein 25. Geburtstag immer näher und er sollte hübsch gefeiert werden. Aber mehrere Wochen vorher wurde meine jüngste Schwester, ein blühendes Mädchen von 18 Jahren in Folge einer Erkältung krank. Am Tag vor dem Geburtstag kam ein schneller Bote mich an ihr Krankenlager holen. Wie freute sie sich und am Geburtstage selbst ging sie in die ewige Heimat. Mein Schmerz war groß und es hat lang gedauert, bis ich's nur etwas überwunden.

Am 23. August 1856 wurde ich mit meinem lieben Mann verlobt und am 5. Oktober desselben Jahres war unsere Trauung. Es wurde mir schwer, mich von Neudietendorf zu trennen. Ebersdorf war mir ganz fremd, auch mein lieber Mann. Da meine Schwiegereltern noch lebten, wurden wir auf ihren Wunsch hier in Ebersdorf durch Bruder Bellwitz getraut. Das Eingewöhnen fiel mir schwer; doch ist mir Ebersdorf immer lieber geworden, habe ich doch sehr glückliche Stunden in der Nähe meines lieben Heilands da verlebt.

Und nun sind es schon über 40 Jahre, dass ich hier wohne. Blicke ich zurück, wie vieles gibt es zu denken. Ja Herr ich bin nicht wert aller Barmherzigkeit und Treue, die du an mir und meiner Familie getan hast. Freilich gab es auch schwere Zeiten, viel Krankheitsnot mit den vier Kindern, die uns der liebe Herr geschenkt hatte. Doch der treue Herr half, dass es gnädig vorüber ging.

Aber noch schwerer war, als mein lieber Mann auf einer Geschäftsreise an Lungenentzündung erkrankte und viele Wochen an seinem Aufkommen gezweifelt wurde. Er lag in der Stadt Greiz, hatte wohl gute Pflege, aber wie war mir hier zu Mute, fern von dem geliebten Mann. Es war am ersten Advent 1870, als ich die Nachricht von seiner schweren Erkrankung erhielt. Ich reiste auch bald nach Greiz, fand ihn aber so krank, dass an einen Transport nicht zu denken war. Auf seinen Wunsch fuhr ich acht Tage darauf wieder nach Hause, bekam oft Nachricht in den sieben Wochen, wo er dort so bedenklich krank lag. Aber es war schwer, in beständiger Sorge zu leben, keinen Tag zu wissen, geht es besser oder kommt eine Todesnachricht. Mein lieber Mann hatte mich gebeten, falls er dort heimginge, ihn in Ebersdorf begraben zu lassen.

Endlich erlaubte der Arzt, dass ich ihn holen durfte. Nun war es gerade sehr kalt, es war Januar, das gab zu denken. Aber der Arzt erklärte, es würde gehen, weil dadurch gute Schlittenbahn sei, wo es keine Erschütterung gebe. Der treue Herr bescherte uns einen schönen, nicht kalten Wintertag, wo ich ihn in Betten gepackt abholte. In Schleiz kehrten wir bei einer Schulfreundin von mir ein, damit er sich etwas vom Fahren erholen konnte. Doch er war noch so schwach, dass ich fürchtete, eine Leiche nach Hause zu bringen. Wunderbar war, dass es am nächsten Tag viele Grade kälter war. Auch hatte die Fahrt dem Kranken keinen Rückfall gebracht. Nun folgte noch eine lange und schwere Krankheitszeit. Es wollte sich bis zum Hochsommer keine rechte Besserung zeigen. Endlich ging es langsam aufwärts. Aber von da ab blieb mein lieber Mann leidend und hatte seine Gesundheit nie wieder erlangt. Man kann ihn mit Recht einen wahren Kreuzträger nennen. Er hat mehr gelitten, als wohl mancher ahnt. Im März 1890 ging er nach 20jährigem Kränkeln selig heim. Wie gönnte ich ihm, nun beim Herrn zu sein, ohne Schmerzen, wenn auch die Trennung bitter weh tut und manche stille Träne floss.

Meine Gesundheit war im Ganzen eine gute, dem treuen Herrn sei inniger Dank. Welches mein lieber, seliger Mann oft mit herzlichem Dank gegen den treuen Herrn erkannte und für mich aussprach. Auch im Äußeren hatte der liebe Heiland zu unserer Arbeit stets seinen Segen gegeben, oft über Bitten und Verstehen und uns an unsern lieben Kindern Freude erleben lassen. Sollte ich da nicht sagen: „Lobe den Herrn meine Seele und vergiss nicht, was Er dir Gutes getan hat." Wie köstlich lebte es sich, in Seiner lieben Nähe und wie herrlich war Seine Gnaden-Gegenwart! Aber ich musste noch lernen: „Wenn Er uns geküsst hat, hält Er Schule!" Wie recht diese Schule war und welche heißen Kämpfe es gab, kann ich nicht beschreiben.

Im Januar 1894 erkrankte ich bei einem Besuch in Neudietendorf, wo mein Sohn sich etabliert hatte, an einem Herzleiden. Die älteste Tochter war schon seit 1880 verheiratet. Schon manches Jahr vorher hatte ich an Herzklopfen gelitten, doch nur vorübergehend, es hatte mich auch nie an meiner Arbeit gehindert. Der Vorbote war eine Influenza. Dazu kam noch ein Schreck, der mir auf die Nerven fiel, welche mir viel zu schaffen machten und einen gewaltigen Druck auf mein Gemüt ausübten. Wie konnte ich in gesunden Tagen fröhlich sein in meinem Herzen. Jetzt kam oft große Dunkelheit. Da galt es kämpfen und ringen, nicht Tag und Wochen, nein viele Monate.

Nachdem ich längere Zeit in Neudietendorf krank gelegen hatte, brachten mich meine Töchter nach Hause, von der Stille hier und dem eigenem Heim das Beste hoffend. Manche Kur wurde angewendet. Allmählich legte sich der Druck auf meinem Gemüt, aber körperlich litt ich Tag und Nacht große Schmerzen. Doch habe ich jetzt etwas mehr Schlaf. Schon 3 1/4 Jahr gehen diese Qualen, die mir niemand ansieht. Liegen ist für mich keine Erholung, da werden die Schmerzen ärger, denn nun ist es Herzschwäche geworden.

Wie viel heiße Gebete sind von meinen schwachen Lippen zum Thron der Gnade gesandt. Wie oft, ja täglich, nein stündlich schrie ich zum Herrn, ohne das es jemand hörte. Oft wollte das Beten nicht gehen. Da tröstete ich mich: „Er versteht der Augen Tropfen und des Herzens Klopfen."

Wie tröstlich war mir da vor kurzem ein Traum: Ich ging auf der Landstraße, musste mich mühsam durch viele Menschen hindurch drängen, ich wollte ja nach Hause. Der Weg war so schlecht, ich wusste auch nicht recht, ob es der rechte Weg war. Ich bat jemanden, mir den Weg zu zeigen. Da plötzlich sehe ich eine schöne Straße vor mir, menschenleer, eine wundervolle Gegend in prächtiger Beleuchtung. Ich eilte fröhlich vorwärts und - erwachte. Dieser Traum gab mir viel zu Denken. Nun freue ich mich im Herzen wieder meinen lieben Heiland zu haben, geht es auch noch täglich durch Kämpfe.

Bis hierher reichen die eigenhändigen Aufzeichnungen von unserer nun selig entschlafenen lieben Mutter. Der Herr schenkte ihr noch manche Jahre bester Gesundheit, der sie sich stets dankbaren Herzens erfreute. Sie war eine treue Beterin und ein Friedenskind. Vor fast zwei Jahren stellten sich Herzkrämpfe ein. Zunehmende Altersschwäche weckte immer mehr die Sehnsucht nach "Oben" in ihr, bis sie am 13. März 1908 in der Morgenfrühe hingehen durfte in Jesu Arm und Schoß.

Was wir an unserer lieben Mutter verloren haben, wissen wir am besten. Sie hat ein Alter erreicht von 77 Jahren, 2 Monaten und 13 Tagen.

18. Charlotte Emilie Ernestine Robst   1834 - 1916

Lebenslauf der am 7. November 1916 in Ebersdorf entschlafenen ledigen Schwester Charlotte Emilie Ernestine Robst.

Ich bin geboren den 24. Mai 1834 in Arnstadt in Thüringen, wo selbst mein Vater, Christian Andreas Robst, Leinewebermeister und Mitglied der dortigen, unter des seligen Bruder Püschels Leitung stehenden Diasporagemeinschaft war. Ich war das jüngste von vier Geschwistern und das einzige Mädchen. Ehe ich geboren wurde, hatten meine Eltern ein Mädchen von 12 Jahren am Scharlachfieber verloren, und es war darum große Freude, als ich auf die Welt kam. Als ich vier Jahre alt war, starb meine liebe Mutter, und ich fing an, halb zu verwildern. Der Vater war über den Verlust der Mutter so tief betrübt, dass ich anfangs mir selbst überlassen gewesen bin. Meine großen Brüder von 17 und 19 Jahren, welche beide auch die Weberei erlernten, besorgten den Haushalt, so gut sie konnten, dann und wann flocht mir auch einer von ihnen die Haare des Morgens. Aber öfter noch nahm ich meine Sachen im untersten Röckchen auf den Arm und sah bei Bekannten in der Nachbarschaft, ob mich wohl jemand anziehen möchte, was denn auch oft geschah. Und dann trieb ich mich meist auf der Straße herum, und bloß, wenn der Hunger zu stark wurde, ging ich nach Hause. Meinem Vater mochte längst meine Erziehung schwer auf dem Herzen liegen, und er tat mich deshalb ins Kinderhaus, eine Anstalt, wo solche Leute, die auf Tagelohn gingen, morgens 6 Uhr ihre Kinder für ein Kostgeld hin brachten, und sie da geborgen und unter ordentlicher Aufsicht wussten. An das ungebundene Leben aber so gewöhnt, war mir der Aufenthalt in dem Kinderhaus unerträglich, und ich suchte einige Male zu entkommen, wurde aber sofort wieder zurückgeschickt, wenn ich nach Hause kam, und erhielt noch vorher tüchtige Schläge. Lang mag es aber bei alledem nicht so fortgegangen sein, da ich eben nicht blieb. Meinen armen Vater habe ich seit dem Tod der Mutter nie wieder heiter gesehen, denn auch noch anderer schwerer Kummer lastete seitdem auf seinem

Gemüt. Manche Weber wurden nämlich durch die aufkommenden Maschinen schon sehr beeinträchtigt. Und obgleich mein Vater, der geschickteste Leinweber der Stadt, noch vollauf frisch gesponnenes Leinen hatte, woraus schönes Tischzeug gemacht werden sollte, so war doch schon die Rede davon, dass der Vater mit uns nach Amerika auswandern wollte.

Ein halbes Jahr nach dem Tode meiner Mutter kam eines Tages eine Dame zu meinem Vater, welche Tischzeug bestellte, und da das schmutzige Geschirr vom Morgen noch gegen Mittag auf dem Tisch stand und ihr mein Vater mit seinem Trübsinn das herzlichste Mitleid einflößte, so sagte sie zu ihm: „Meister Robst, das kann so nicht fortgehen bei Ihnen, Sie müssen wieder heiraten, sonst geht die Wirtschaft zugrunde. Ich will Ihnen etwas sagen. Ich habe ein recht braves Dienstmädchen, das wäre eine Frau für Sie, überlegen Sie es sich, ich werde das Mädchen noch heute mit dem Garn zu Ihnen schicken". Am Nachmittag kam dann meine künftige Mutter, als ich gerade in der Stube war, und ich besinne mich, dass Vater, hinter seinem Webstuhl sitzend, ihr wohl den Antrag mag gemacht haben, denn sie fragte mich bald darauf, ob sie meine Mutter werden solle. Und wenn ich auch nicht viel darauf antwortete, so ging ich doch schon denselben Nachmittag ganz dreist zu Rat Rauchs, bei denen meine zukünftige Mutter diente. Sie wohnten in einem großen, schönen Hause. Ich zog die Glocke, und der Herr Rat sah aus seiner Stube und fragte mich, was ich wollte. „Ich will zu meiner Mutter", war meine Antwort. Das machte dem lieben Herrn viel Vergnügen, und er rief mit lauter Stimme durchs Haus: „Hanne, komm einmal! Deine Kleine ist da."

Mit der neuen Mutter kam wieder Ordnung und Gemütlichkeit ins Haus. Sie erzog mich lebhaftes Kind mit viel Liebe und Geduld; der Herr möge es ihr reichlich vergelten! Groß war meine Freude, als an einem schneereichen Märztag der Vater uns Kindern die Geburt eines Brüderchens anzeigte. Es erhielt in der

Taufe den Namen Friedrich und ist mir in der Folge mein ganzes Leben hindurch besonders nahe gestanden.

Zwei Jahre nach der Wiederverheiratung meines Vaters schickte Gott nach seinem unerforschlichen Ratschluss uns wieder Trübsal, indem mein lieber Vater an einem Nervenfieber gar bald, binnen 8 Tagen, vollendet wurde. Meine Mutter suchte nun mit meinen zwei älteren Brüdern die Leineweberei weiterzuführen, und als diese in die Fremde gingen, übernahm sie mit einem Gesellen Wollgurtarbeiten für die Fabrik von Mattern in Neudietendorf. Sieben Jahre vergingen auf diese Weise, während welcher Zeit ich die Bürgerschule besuchte und nun vor der Konfirmation stand. Da aber die genannte Arbeit nicht viel einbrachte, dagegen der Lebensunterhalt immer teurer wurde, denn es fingen 1846, hervorgerufen durch Misswuchs, die sogenannten Hungerjahre an, so entschloss sich die Mutter, die Wollgurtarbeit aufzugeben und sich den Unterhalt auf andere Weise zu verdienen. Da fügt es Gott, dass sie einen Heiratsantrag von einem Witwer namens Markgraf mit drei Kindern, einen Knaben und zwei Mädchen, erhielt. Er war Schuhmachermeister und besaß ein eigenes Haus. Die Mutter sah es als ihre Führung an, gab ihr Jawort, und bald zogen wir in das neue Heim ein.

Nachdem ich einige Monate in dieser Familie zugebracht hatte und Ostern 1848 konfirmiert worden war, kam ich auf Wunsch meiner Patin, der ledigen Schwester Katharine Hindermann, ins Schwesternhaus nach Neudietendorf. Ich wurde in die Stube der größeren Mädchen eingeführt. Ein kleines Erbteil meiner Eltern (80 Taler) erlaubte mir, an allerlei Unterricht und Schulstunden wie feine Handarbeiten, Zeichnen und Malen teilzunehmen. Daneben verdiente ich mir etwas durch Weißnähen und eine kleine Bedienung. Später erwarb ich mir hauptsächlich mein Brot durch Namensticken und Anfertigung von den damals so beliebten Samenstickereien. Der Verdienst war jedoch bei allem

Fleiß nicht groß, ich musste immer Trockenbrot essen, denn zu Butter wollte es nicht reichen.

Mit 17 Jahren bezog ich die Schwesternstube, und bald wurde mir ein Herzenswunsch erfüllt, indem ich in die Brüdergemeine aufgenommen wurde. Meine Brüder hatten oft versucht, mich in eine gute Stelle in Arnstadt unterzubringen, ich aber dachte: keine Gewalt bringt mich wieder von Neudietendorf weg. Was war es denn nun, was mich hielt? Dort war mir der Heiland wie nie zuvor nahe getreten, ich liebte die schönen Gottesdienste, die Gemeinschaft Gleichgesinnter. Gern lernte und sang ich die Lieder im Gesangbuch, und manchmal schlich ich mich auf den Hausboden, um in der Einsamkeit zu beten. Der Herr suchte mich aus Gnade und Barmherzigkeit, und ich ließ mich finden und will auch bei ihm bleiben in Zeit und Ewigkeit.
1857, In meinem 23. Lebensjahr, berief mich Schwester Herr, Vorsteherin des Schwesternhauses, nach Gnadenberg, um die Weißnäherei und das Namensticken zu übernehmen. Dieser Posten war sehr anstrengend für mich; ich hatte manchmal drei Wochen hintereinander nur zuzuschneiden, und dann hatte ich auch alle Probehemden zu nähen. Dabei hatte ich viel Heimweh nach Thüringen, und mit der Zeit litt ich häufig an nervösen Kopfschmerzen und musste oft nach Bunzlau, um mir Zähne ziehen zu lassen. Doch auch Freude bescherte mir der Herr. Mein jüngster Bruder Fritz war auf der Wanderschaft nach Bunzlau gekommen und hatte dort Arbeit gefunden. Er besuchte mich nun öfters, und Bruder Hillberg, Schuhmachermeister im Brüderhaus, der auf ihn aufmerksam geworden war, bat ihn, als Geselle bei ihm einzutreten. Er tat es gern, und mit Freude denke ich noch heute an die schönen Sonntagnachmittage zurück, die wir zusammen bei einer Landsmännin, Schwester Heerwagen, Pförtnerin und Chordienerin im Witwenhaus, verbringen durften. Mein Bruder gewann gleichfalls die Brüdergemeine lieb und trat später zu ihr über. Er folgte dann einem Ruf als Knabenbruder nach Gnadenfrei und arbeitete dort in der Schuhmacherei des

Brüderhauses.

Das Kriegsjahr 1866 war wieder reich an Trübsal für mich. Mein Bruder Fritz war von Gnadenfrei aus als freiwilliger Krankenpfleger nach Böhmen gegangen. Das viele Elend, das er da sah, und die Anstrengung machten ihn jedoch krank und irrsinnig. Er musste nach Jena gebracht werden. Nach einigen Monaten wurde er aber, Gott sei Dank, geheilt entlassen. Durch diese Krankheit hatte er aber alle Aussicht auf Selbstständigkeit in der Brüdergemeine verloren. Er wandte sich daher seiner alten Heimat Arnstadt wieder zu, fand Arbeit in einer Fabrik und konnte eine Familie gründen. Er blieb gesegnet, und ich darf wohl sagen, Gott setzte ihn auch anderen zum Segen. Die Brüdergemeine blieb ihm lieb und teuer.

Im Jahre 1865 hatte mich Schwester Meyer, die Vorsteherin des Schwesternhauses in Ebersdorf, nach dort berufen, und zwar für den Verkauf. Weil ich nun die genannte Schwester von Neudietendorf her, wo sie auch Vorsteherin gewesen war, gut kannte, so folgte ich gern dem Rufe. Zunächst bewohnte ich die Schwesternstube und hatte wieder das Weißnähen zu besorgen, außerdem erteilte ich auf der Mädchenstube den Unterricht im Namensticken. Als dann eine von den Vorgesetzten der jungen Mädchen krank wurde und austreten musste, übertrug mir Schwester Meyer zu meiner größten Überraschung dies schöne, verantwortungsvolle Amt. Ungefähr sieben oder acht Jahre war ich in demselben tätig, dann nötigte mich Krankheit, dasselbe aufzugeben. Ich habe gern an der Jugend gearbeitet, und bei aller Unzulänglichkeit ließ mich doch der Herr in seiner Gnade manche Frucht sehen. Noch im hohen Alter empfange ich manchen Beweis der Liebe und Dankbarkeit von früheren Zöglingen. In den Jahren meines Wirkens an den Mädchen fand ich auch an Schwester Berta Schumann, die wegen Handarbeiten öfter zu mir kam, eine liebe Freundin, und später ebenso an deren lieber Schwester Paula. Ich arbeitete zuletzt auf eigene Hand und hatte daneben einige Jahre den Handarbeitsunterricht in der Pensionsmädchenanstalt zu halten. Später übernahm ich das Nähen der Kirchenhäubchen für die Pensionärinnen. Und als die Augen im hohen Alter schwach wurden und mir selbst dies nicht mehr erlaubten, sorgte Gott in wunderbarer Weise für mich, indem ich von verschiedenen Seiten unverhofft liebreiche Unterstützung erhielt. Allen aber, die mir irgend Wohltat erwiesen oder mich durch teilnehmende Besuche erfreuten, sei auch an dieser Stelle innigst gedankt, und Gott vergelts! Trotzdem ich mir nichts mehr verdienen kann und weder Reichsrente noch Pension beziehe, mangelt mir nichts. Ich sage es zur Ehre Gottes, seit ich vor Jahren anfing, den Zehnten all meiner Einnahmen für Werke des Reiches Gottes zu geben, fehlt es meiner kleinen Kasse nie an Segen, so dass ich oft staunend anbete. Jetzt, im 83. Lebensjahr stehend, lebenssatt und müde, bitte ich meinen Erlöser um ein baldiges, sanftes Ende und um Aufnahme in sein himmlisches Reich. Ich schließe mit Psalm 103: Lobe den Herrn, meine Seele, und vergiss nicht, was er dir Gutes getan hat.

Bis hierher gehen die eigenhändigen Aufzeichnungen von Schwester Robst. Wir fügen noch hinzu: in den letzten Monaten und Wochen nahmen die Kräfte unserer verstorbenen Schwester zusehends ab, und besonders in der letzten schweren Nacht seufzte sie oft: Wie lange noch, ach Herr, wie lange! Endlich am 7. November gegen 11 Uhr vormittags schlug ihre Erlösungsstunde, und sie durfte eingehen in ihres Herrn Freude. Ihr Alter hat sie gebracht auf 82 Jahre, 5 Monate und 14 Tage.

19. Carl Theodor Abraham Padel   1837 - 1924

Am 31.Mai 1837 schenkte mir Gott das Leben und damit meinen lieben Eltern das erste Kind. Gleich nach meiner Geburt verursachte ich ihnen große Besorgnis. Es hatte nämlich den Anschein, als sollten sie mich gleich wieder hergeben, da meine Atmungsorgane völlig versagten. Es war vormittags 1/2 12 Uhr, als mein Vater den damaligen Prediger Bruder Röntgen aufsuchte. um ihn um die Nottaufe für mich zu bitten. Von dort ging er sofort zum Arzt; dessen umsichtigen Eingreifen durch ein kaltes Bad es gelang, mich am Leben zu erhalten.

In der heiligen Taufe erhielt ich die Namen Carl Theodor Abraham, letzteren, da dieser in der Padelschen Familie von jeher erblich gewesen ist. Meine Mutter war die Tochter des zur Zeit ihrer Verheiratung in Neudietendorf als Prediger angestellten Bruders Johann Christian Saifart, und mein Vater Abraham Friedrich war der Sohn des aus Danzig nach Christiansfeld verzogenen Apothekers Abraham Gottlieb Padel. Er lernte meine Mutter gelegentlich eines Besuches in Altona kennen.

Ich darf wohl sagen, dass meinen Eltern durch Gottes Gnade eine außerordentlich glückliche und harmonische Ehe zuteil geworden ist. Nach mir wurden ihnen noch 5 Söhne und als letztes Kind eine Tochter geschenkt. Wir genossen eine sehr sorgfältige gewissenhafte Erziehung, die wir selbstverständlich in erster Linie unserer treuen Mutter zu danken hatten. Nur wenn ausnahmsweise eine handgreifliche Züchtigung nötig schien, musste der Vater eingreifen. Je seltener das erforderlich war, umso tiefer war dann natürlich der Eindruck.

Unser in jeder Weise trautes Heim und glückliches Familienleben noch zu vervollständigen und zu ergänzen, diente ein gleich hinter dem Hause befindlicher. sorgfältig gepflegter und abgeschlossener Garten, in dem uns die Eltern während der Schuljahre allerhand Spiel- und Turngeräte hatten anbringen lassen, damit wir auch unsere körperlichen Kräfte dadurch üben und stählen konnten. Auf diese Weise entbehrten wir kaum den

Umgang mit fremden Kindern und wurden dem Einfluss und der Aufsicht der geliebten Mutter auch nicht entzogen. – Eine der liebsten Erinnerungen sind für mich die kürzeren und längeren Spaziergänge und Ausflüge, die wir mit unserem Vater in die nähere Umgebung und an die herrliche blaue Ostsee unternahmen und wodurch in uns das Verständnis und die Liebe zur Natur als eine der herrlichsten Gottesgaben entwickelt wurden. Auf manch solcher Wanderung kehrten wir in benachbarten Bauernhöfen ein, wie ja die nordische Gastfreiheit in meiner Heimat auf das ausgiebigste gehandhabt wurde, und mein Vater seines Amts und seiner stets hilfsbereiten, wohlwollenden Persönlichkeit wegen überall gern gesehen und willkommen war. – Auch in meinem Elternhause wurde ein lebhafter, freundschaftlicher Verkehr gepflegt, was umso angenehmer war, als die Spannung zwischen dänischer und deutscher Bevölkerung damals noch nicht so verschärft und groß war. Manch anregender musikalischer Abend, bei welchem Klavier, Gesänge, Flöte und Geige in harmonischem Wechsel auftraten, wurde bei uns veranstaltet: gehörte doch unser bekannter Brüdergemeinkomponist Karl Wilhelm Fliegel zum intimsten Freundeskreis. Oder wir fanden uns zum Lesen ernster und literarisch wertvoller Bücher. Den englischen Unterricht erteilte mir meine Mutter allein.

Was aber vor allem in unserem Hause treu und ernst gepflegt wurde, war ein gesunder Patriotismus, ein schönes bekenntnistreues Deutschtum, was unsere Eltern gerade in den immer schwieriger werdenden Grenzverhältnissen, den fremden agitatorischen Einflüssen gegenüber stets deutlich betonten und gewahrt wissen wollten, was mir auch für später Hauptinteresse und Lebensaufgabe neben meiner Berufsarbeit wurde.

Im Jahr 1844 zogen unsere Großeltern Seifarth nach Christiansfeld, zur großen Freude meiner Eltern. Der Großvater übernahm sofort den Unterricht in Latein und Rechnen für einen Bruder und mich und brachte uns soweit, dass wir beim Eintritt in die Schule der Knabenanstalt in eine obere Klasse eintreten konnten. Erster Lehrer war damals der später in Berlin als Prediger angestellte Bruder Wünsche, sein Nachfolger im Amt war Bruder Martin Achtnich. –

In den Jahren 1848 und 49 als der Erhebung Schleswig-Holsteins gegen das dänische Joch hatte ich zum ersten Mal Gelegenheit den Unruhen des Krieges ins Auge zu sehen. Christiansfeld belebte sich mit durchziehenden preußischen Truppen, die dem Lande zu Hilfe geeilt waren. Die Apotheke erhielt einmal 22, ein anderes Mal 30 Mann Einquartierung, was für uns 6 Brüder ein großes Freudenfest bedeutete. Bald aber füllte sich der Ort mit Verwundeten; der große Kirchensaal wurde in ein Lazarett umgewandelt, meine Mutter war nur selten noch zu Hause, weil sie sich bei der Pflege der Soldaten eifrig mit betätigte und mehr als einmal folgte ein langer Trauerzug mit militärischer Begleitung den Särgen der für das Vaterland Gefallenen zum Gottesacker. Als nach langen Monaten der Ort wieder sein altes Gesicht annahm, hatten wir Geschwister den Ernst des Lebens schon recht kennen gelernt. Wir bildeten von nun an ein kleines Freiwilligenregiment, exerzierten mit Fleiß und mit Eifer und sangen unser nordisches Vaterlandslied: „Schleswig-Holstein, meerumschlungen" mit echt deutschem Nationalbewusstsein.

Meine Konfirmation fand im Jahr 1852 durch Bruder Mathäus Wied statt. Der erstmalige Genuss des heiligen Abendmahles wird gewiss stets von großem Eindruck begleitet sein; jedoch sucht ihn der kaum dem Kindesalter entwachsene Mensch vielleicht zu sehr im Gefühl, und es bleibt hinterher eine gewisse Enttäuschung nicht aus. Wenigstens war es so bei mir. Der feste Glaube und das Bewusstsein von Gottes unseres Heilandes Gnade und Erbarmen wächst erst mit dem zunehmenden Alter. Nach meiner Konfirmation kam ich zu einem Apotheker Siemsen, den meine Eltern 1849 als Überbringer von Liebesgaben für die Verwundeten in Christiansfeld kennen gelernt hatten, nach Altona in die Lehre. Zu meinem und meiner Eltern Leidwesen war meines Bleibens dort nicht lange, weil die Altonaer

Großstadtbevölkerung mich nicht für voll anerkennen wollte meiner kleinen Gestalt wegen. Ich musste darum meine Lehrjahre beim Vater fortsetzen, bis im Sommer 1857 Herr Siemsen mich wieder zurück verlangte, da ich inzwischen ein Stück gewachsen war. Da Herr Siemsen seiner ausgebreiteten Tätigkeit wegen sich um meine wissenschaftliche Fortbildung nicht kümmern konnte, besuchte ich jeden Freitag in Hamburg Vorträge in Botanik und Chemie und sonntags fanden unter Leitung eines Hamburger Volksschullehrers botanische Exkursionen statt, an denen ich mich beteiligte. Auch sonst genoss ich in dem Siemsenschen Hause die freundlichste Behandlung, wurde auch während einer ungefährlichen Augenoperation, infolge deren ich längere Zeit im verdunkelten Zimmer liegen musste, auf das liebevollste gepflegt.

Nach Beendigung meiner Lehrzeit ging ich zuerst auf ein Jahr zu meinem Vater zurück und trat dann in Rahna in Mecklenburg als Gehilfe in einer Apotheke ein. Auch in diesem Haus fühlte ich mich sehr glücklich, und da sich mein Prinzipal um meine wissenschaftliche Weiterbildung freundlichst bemühte, bin ich heute noch dankbar für diesen Aufenthalt, auch weil ich dadurch die treuherzige plattdeutsche Bevölkerung und die Heimat Fritz Reuters kennenlernte.

Am 1. Oktober 1859 kam ich als Defektar zu Apotheker Lehmann nach Rendsburg und blieb dort bis im August 1860.

Im Herbst 1862 bezog ich die Universität zu Kiel zum Studium der Pharmazie. Es ist darüber nicht viel Besonderes zu berichten. Ich verlebte eine sehr glückliche Zeit im Verkehr mit meinen 14 Kollegen, von denen mir einige zu treuen Freunden wurden. Von meinen Lehrern ist der Professor der Botanik Dr. Nolte schon (1829 bis 30) Lehrer meines Vaters gewesen. Am 14. August 1863 bestand ich die pharmazeutische Prüfung mit „Rühmliche Auszeichnung", wie es im Zeugnis heißt. Ich bin meinem Vater sehr dankbar, dass er mir gestattete, zu meiner weiteren Ausbildung noch für ein Semester die Universität in München aufzusuchen. Es war mir eine große Freude, diese alte

Kunststadt kennenzulernen, und ich konnte sie umso mehr genießen, als ich keine Prüfung mehr zu bestehen hatte. Ich habe ein außerordentlich interessantes Jahr dort verlebt. Meine hauptsächliche Beschäftigung bestand darin, dass ich im Laboratorium des Professor Buchner mich mit chemischen Untersuchungen abgab. Dieser liebenswürdige Herr unterhielt sich viel mit mir, und ich darf wohl sagen, dass ich im Laufe der Zeit manches bei ihm gelernt habe.

Mit meinen Kameraden, die vorzugsweise Schleswig-Holsteiner waren, unternahm ich viele Ausflüge in die herrliche Umgebung Münchens und genoss auch die edle Kunst, wie sie sich so reich in München selbst bietet. Im Übrigen fiel mir, dem Norddeutschen, der den formellen Ton meiner Landsleute gewöhnt war, die ungenierte, heitere und zwanglose Verkehrsweise der Bayern recht angenehm auf. Eine fernere Annehmlichkeit war die große Billigkeit der dortigen Lebensführung, sodass sich mein Vater über meine Sparsamkeit nicht genug wundern konnte.

Mit dem Schluss meines Münchener Aufenthaltes beginnt die in vieler Beziehung ereignisreichste Zeit meines Lebens. Die politischen Verhältnisse meiner Heimat hatten sich inzwischen wieder sehr zugespitzt, indem Dänemark neue Versuche machte, sich einen großen Teil Schleswigs einzuverleiben. Auch in Christiansfeld trat der Unterschied zwischen deutschen und dänischen Einwohnern immer feindseliger hervor, sodass sich jeder Deutsche nach endgültiger Befreiung von allem Druck von Herzen sehnte. Diese kam im Jahr 1864.

Inzwischen war eine Abordnung vorzugsweise aus Holsteinern bestehend, in München eingetroffen, die den König Maximilian II. zum Einschreiten gegen Dänemark zu bewegen hofften. Unter den Abgeordneten befand sich auch mein früherer Prinzipal aus Rendsburg. Wir Landsleute wohnten einer Audienz dieser Herren beim Generalleutnant von der Tann bei, den wir schon von 1849 durch einen erfolgreichen Kampf meines Freikorps gegen die Dänen kannten. König Max, der seinen Winteraufenthalt in

Italien zu nehmen pflegte, kam extra nach München zurück, um die Abordnung zu empfangen. Es war ein erhebender Augenblick, als er auf dem Balkon des Schlosses erschien und von einer begeisterten Volksmenge mit nicht enden wollenden Hochrufen begrüßt wurde. Für uns Schleswig-Holsteiner erreichte hiermit unser Aufenthalt in München sein Ende. Für mich entstand die Verpflichtung, meinem Vater daheim zu Hilfe zu eilen, da mein Bruder Emil inzwischen zum dänischen Heeresdienst gezwungen worden war und sofort mit seinem Regiment über die Festung Friedericia in Jütland einrücken musste. Vorher indessen begleitete ich mit meinen Landsleuten die Abordnung noch in ihrem Sonderzug durch einen großen Teil Bayerns. In Regensburg wurde Halt gemacht, um zu übernachten und hier wartete unser ein feierlicher Empfang mit Abendessen und begeisterten Ansprachen. Es ging damals ein freier Zug stolzer Erhebung durch ganz Deutschland. Wer damals gelebt hat, der kennt unser Vaterland heutzutage nicht wieder. Am nächsten Tag fuhren wir noch mit bis Hof, besuchten die Burschenschaft in Erlangen und verlebten einen sehr gemütlichen Abend bei Fackelschein und Musik, worauf ich nach München zurück reiste. Kurz darauf trat ich den Heimweg nach Christiansfeld an, und kam dort noch gerade vor Ausbruch des Krieges, durch allerhand Verkehrsstörungen mannigfach gehemmt, glücklich an. Während meiner nun folgenden Gehilfenjahre bei meinem Vater war mein Bruder Otto Lehrer in der Knabenanstalt in Christiansfeld, die damals sehr im Wachsen begriffen war. Dies war mir sehr lieb, weil wir einander nahe standen. Durch ihn veranlasst, entschied ich mich zu einem Versuch mit der vegetarischen Lebensweise, die aber meinem Organismus so wenig zu sagte, dass ich körperlich und seelisch völlig zusammenbrach. Durch sorgfältig ausgewählte, hauptsächlich in Fleisch bestehende Kost, brachte mich unser Arzt bald wieder zu Kräften, außerdem verordnete er zur Nachkur einen Aufenthalt am Ostseestrand, wohin mich meine Mutter begleitete. Diese Wochen ungetrübten, stillen Beisammenseins in Gottes herrlicher Natur, begünstigt durch das strahlendste Wetter, gehört mit zu dem Schönsten, worauf ich in meinem langen Leben zurückblicken darf. Lernte ich meine Mutter doch aufs Neue schätzen und lieben und sie mich, der ich so sehr zur Verschlossenheit neigte, wieder kennen.

Der 1864er Krieg brachte für Christiansfeld und seine Bewohner wieder viel Truppen- und Munitionsdurchzüge, Einquartierung und seelische Erregungen aller Art bei den gelegentlichen Meldungen von Sieg und Niederlagen. Einige Tage beherbergte man sogar Seine Königliche Hoheit den Kronprinzen Friedrich von Preußen, den Prinzen Albrecht und den greisen Feldmarschall Wrangel, und einige Monate später fand in einem Zimmer des Gasthofs die Zusammenkunft der Gesandten beider Heere statt, die einen Waffenstillstand zustande brachten. Im Frieden zu Wien wurden Schleswig und Holstein zu preußischen Provinzen gemacht, und damit schien der Grund zu vielen Streitigkeiten endgültig beseitigt. Diese freudevolle Annahme erwies sich aber als falsch, als in den Prager Friedensverhandlungen nach dem Krieg von 1866 der für uns Schleswiger so verhängnisvolle § 5 aufgenommen wurde, der den Dänen neue Veranlassung gab, sich in die Schleswiger Verhältnisse zu mischen. Um die dem Lande dadurch neu entstehende Gefahr klar aufzudecken und beseitigen zu helfen, reiste mein Vater als erwähltes Deputationsmitglied mit einigen anderen Herren nach Berlin, um in einer Audienz beim Kaiser diesem Vorstellungen darüber zu machen.

Im Jahre 1869 übernahm ich, nach dem Rücktritt meines Vaters, die Leitung der Christiansfelder Apotheke als Verwalter, was später in eine Pachtung umgewandelt wurde. Mein Vater, der geistig und körperlich noch recht frisch war, ging mir eine Zeit lang fleißig bei der Arbeit zur Hand. Im November dieses Jahres trat ich mit meiner geliebten ersten Frau Emma, geb. Brauer, nach fast zweijähriger Verlobung in den Stand der heiligen Ehe. Als Trautext wählten wir die Worte: „Wer dank opfert, der preiset mich, und das ist der Weg, dass ich ihm zeige mein Heil." Psalm

50, 23. Wir haben durch Gottes Gnade viel Freude und Segen für unser inneres und äußeres Leben empfangen und wenn uns auch die Gabe eigener Kinder versagt blieb, so fanden wir doch einen schönen Ersatz darin, dass wir die Kleinen meines Bruders Otto, der damals Missionar in Südafrika war, zur Erziehung in unser Haus aufnahmen und ihnen nach Kräften die schmerzlich entbehrte Elternliebe zu ersetzen suchten.

Auch nach meiner Verheiratung blieben meine geliebten Eltern mit uns zusammen in der Apotheke wohnen. Da die dortigen Wohnräume damals noch beschränkter waren als jetzt, bedingte dies ein etwas enges Zusammenleben, worunter meine liebe Mutter oft seelisch recht litt in der unnötigen Sorge, uns lästig zu fallen. Doch da sich keine passende Wohnung für sie finden wollte, baten wir sie dringend, sich die Beschwerden eines Umzuges zu ersparen. Und es war wohl gut so. Denn von einer Reise nach Neusalza kommend, die sie gelegentlich der Verheiratung eines ihrer Söhne unternommen hatte, fanden wir Mutter sichtlich schwer leidend. Die heftigsten Schmerzen quälten sie bald so, dass wir ärztliche Hilfe hinzuziehen mussten und es ihr klar wurde, dass dieses Leiden ihr Ende herbeiführen müsse. Oft steigerten sich ihre Schmerzen so, dass sie das Bewusstsein verlor und laut jammerte, sodass wir alle uns in dem Gebet vereinigten, Gott möge die geliebte Kranke aus all ihren Qualen gnädig erlösen. Am 16. Dezember 1871 nahm er sie sanft und leicht zu sich. Nun blieb mein lieber Vater allein bei uns zurück, so viel er konnte half er mir noch in der Apotheke und war trotz seiner tiefen Trauer noch rüstig und gesund. Mehr noch als früher beschäftigte er sich jetzt mit gemeinnützigen Angelegenheiten und widmete sich vor allem dem Wohl und Gedeihen seiner engeren Heimat Schleswig-Holstein. Es war eine selbstlose, aufopfernde Tätigkeit, dank deren ihm einige Jahre vor seinem Ende durch die Gnade Kaiser Wilhelms I. der Kronenorden verliehen wurde.

Der Krieg von 1870/71 brachte in unser äußeres Leben keine Veränderung, riss in unsere Familie aber eine schmerzliche

Lücke, in dem einer meiner Brüder als Soldat mit in Feindesland einrücken musste und in der Schlacht bei Gravelotte den Heldentod fand. Ein anderer fast ebenso wehevoller Abschied hatte kurz vorher meinen jüngsten Bruder aus dem Familienkreis geführt. Hermann der sich den Beruf des Landwirts gewählt, fasste den Entschluss, nach Amerika auszuwandern. Wir alle hielten ihm vor, dass er seiner körperlichen und seelischen Veranlagung nach nicht für Amerika geschaffen sein, umsonst, er führte sein Vorhaben aus. Einige Jahre noch hörten wir von ihm. Es ging ihm nicht gut drüben, dann hörten die Nachrichten auf. Alle Anstrengungen, die von uns, wie von Seiten der Regierung unternommen wurden, um sein Bleiben festzustellen, blieben erfolglos – er war und ist – verschollen!

Auch mich sollte indirekt durch den Krieg noch ein schweres Erlebnis treffen. Ganz plötzlich erkrankte ich an den Pocken, was nur durch eine Arzneiflasche gekommen sein konnte, die mir eines Tages ein Mann in der Apotheke abgab, um sie wieder aufzufüllen. Meine liebe Frau, die damals gerade abwesend war, durfte der Ansteckungsgefahr wegen nicht nach Hause zurückkehren, und so pflegte mich mein alter Vater mit rührender Treue und Hingebung neben aller Arbeit, die er Wochen hindurch nun allein zu versehen hatte.

In den folgenden Jahren fand ich allmählich die Arbeit, die neben meiner Familie und dem engeren Beruf mein Hauptinteresse meines Lebens ausmachte, die mir bei viel Anregung auch viel Leid und Freuden verursachte und mich mit teils sehr bekannten und bedeutenden Persönlichkeiten weit über Brüdergemeinkreise hinaus bekannt und befreundet machte, nämlich meine politischen und vaterländischen Interessen die engere und weitere Heimat Nordschleswig betreffend. Nur der, welcher in einem Grenzlande gewohnt hat, und Gelegenheit hatte, sich mit den geheimen und geheimsten Schleichwegen einer feindlichen Agitation bekannt zu machen, wird verstehen was für eine treibende Kraft die Vaterlandsliebe werden kann, so dass Opfer an Zeit, Kraft und Vermögen zu Kleinigkeiten werden im

Vergleich zu dem Bestehen und der Entwicklung der allgemeinen vaterländischen Verhältnisse.

Es würde zu weit führen, wollte ich an dieser Stelle Einzelheiten dieser Tätigkeit aufzählen, auch soll sie nicht zu meiner Ehre erzählt werden, aber ich kann gerade diese Lebensarbeit nicht unerwähnt lassen, weil sie mein ganzes Denken beeinflusste und meinem stillen Privatleben in Christiansfeld zum leuchtenden Hintergrund wurde.

Zuerst trat ich durch kleinere und größere Artikel in deutschfreundlichen Zeitungen für das durch dänische Agitation mehr und mehr gefährdete Deutschtum in Nordschleswig ein, bis dann später nach Gründung des Nordmarkvereins im Jahre 1890 das Wirken deutsch gesinnter Männer mehr organisierten Charakter annehmen konnte und musste. Der Weltkrieg hat auch diesem schönen und heiligen Vaterlandsstreben ein Ziel gesetzt, und die lange Jahre hindurch mühsam und opferfreudig aufgebaute Schutzwehr an der Grenze niedergerissen. Gott weiß warum und wozu? Mein Herz hat manchmal geblutet im Gedanken an mein geliebtes Heimatland. Doch:

Gott sitzt im Regimente
und führet alles wohl.

Doch ich kehre zunächst zu meinem Familienleben zurück.

Im Jahre 1879 ging mein lieber Vater heim und ich kann nicht umhin, hier eines damit in engem Zusammenhang stehenden Erlebnisses zu gedenken. Mein lieber Vater hatte sich im August dieses Jahres mit meiner Frau und den Kindern meines Bruders in England zu einem längeren Aufenthalt an die See nach Vargaard der Insel Fünen gegenüber begeben und lebte dort in einem kleinen Häuschen am Eingang eines herrlichen Buchenhochwaldes. Ich besuchte sie dort, so oft es mir das Geschäft erlaubte. Eines Sonntags war ich wieder bei sehr schwülem Wetter zu ihnen hinaus gepilgert, hatte einen frohen Ruhetag mit ihnen allen erlebt und begab mich des Abends wieder zu Fuß nach Hause zurück. Während des Heimwegs von 9 bis 11 Uhr etwa zogen sich schwere Gewitterwolken am ganzen

Horizont zusammen und endlich brach ein Unwetter los, welches mit außergewöhnlicher Heftigkeit bis vier Uhr morgens anhielt, wobei eine ganze Anzahl von Gebäuden in der Nachbarschaft und auf der Insel Fünen eingeäschert wurden. Tatsächlich ist diese Wetternacht in den dortigen Analien als eine der schwersten in langer Jahresfolge vermerkt worden. An Schlaf war nicht zu denken, und die Sorge an meine Lieben in dem strohgedeckten Häuschen am Waldrand quälte mich recht. Kaum hatten sich die Wolken etwas verzogen, so erschienen auch schon mein Nachbar, dessen Familie sich auch an der See befand und schlug mir vor, mit ihm zum Strande zu fahren, um nach unseren Angehörigen zu sehen. Auf dem Wege zu ihnen fuhren wir an einem sonst viel besuchten Wirtshaus vorbei, dass bis auf den Grund niedergebrannt war. Endlich fanden wir die Unseren gänzlich unbeschädigt, wofür wir von ganzem Herzen Gott dankten. Aber sie erzählten, dass aus den Baumkronen helle elektrische Funken ausgestrahlt seien. So stark war die Luft mit Elektrizität geladen. Kurze Zeit darauf kehrten sie alle wieder nach Hause zurück und besonders meinem Vater hatte dieser Seeaufenthalt sehr wohl getan.

Am Abend des 16. August hatten wir gemütlichen Besuch von guten Freunden, worauf mein lieber Vater gesund und munter sein Zimmer aufsuchte. Morgens um 4 Uhr erwachte ich plötzlich und sah deutlich eine lichte Engelsgestalt mit den Gesichtszügen der Mutter an meinem Fußende stehen. Diese Erscheinung dauerte einige Augenblicke. Ungefähr um 8 Uhr rief mich mein lieber Vater, und mein Bruder Christian und ich gingen in sein Zimmer, wo er uns sagte, dass er sein Ende herannahen fühle. Ich holte rasch unseren Prediger Bruder Schmidt, der ihn noch einsegnete, worauf unser lieber Vater sanft entschlief. Unendlich viel verloren wir mit diesem guten, aufopfernden Vater, dem wir alle großen Dank schuldig sind, und besonders meine liebe Frau und ich empfanden die durch sein Hinscheiden entstandene Lücke immer schmerzlicher, hatte er doch so ganz zu unserem täglichen Leben gehört.

In einem der nächsten Jahre reiste ich nach Berlin, um in wichtigen politischen Angelegenheiten Nordschleswigs um eine persönliche Audienz bei Bismarck nachzusuchen. Leider wurde ich nicht bei ihm vorgelassen, doch empfing mich einer seiner Mitarbeiter, Herr von Keudell, und Graf Stolberg-Wernigerode nahm sich meiner sehr freundlich an und unterbreitete mein Anliegen dem Fürsten, wie mir ein eigenhändiges Schreiben desselben an mich später bewies. Ja, zu Bismarck und seiner kraftvoll aufbauenden Politik hatten wir treu deutschen Nordmärker das festeste Zutrauen, und seine Absetzung war auch für uns von einschneidender Wirkung, und so unternahmen eine große Anzahl dankbarer und treu ergebener Nordschleswiger im Mai 1895 eine denkwürdige Huldigungsfahrt nach Friedrichsruh zu dem 80jährigen, an der meine liebe Frau und ich uns auch beteiligen. Unvergesslich und unauslöschlich steht mir das Bild des greisen Helden vor Augen und jener Tag gehört zu den schönsten meines ganzen Lebens, wussten doch auch gerade wir Christiansfelder, dass unser kleiner, oft politisch heiß umstrittener Heimatort auch dem Fürsten genau bekannt war. Schon bei Gelegenheit der ersten Deputation beim alten Kaiser hatte dieser zu meinem Vater gesagt: „Ja, Christiansfeld gab uns schon viel zu tun. Wir wollten diese deutsche Kolonie nicht abtreten."

Im Jahr 1903 hatte meine liebe Frau eine schwere Krankheit zu bestehen, und so sah ich mich genötigt, im Sommer meine Arbeit zu unterbrechen und mit ihr eine mehrwöchentliche Erholung anzutreten. Wir wählten dazu das schön am Diecksee in Ostholstein gelegene Gremsmühlen, wo wir im Künstlerheim des bekannten Holsteiner Malers Hinrich Waage einige schöne Wochen verlebten, während welcher sich meine Frau sichtlich kräftigte.

Mehr und mehr wurde die Arbeit deutsch gesinnter Männer in der Nordmark notwendig, um den Hetzereien der Dänen und ihrer Genossen entgegen zu arbeiten. Die Versammlungen des Nordmarkvereins traten so oft wie möglich in verschiedenen

Orten zusammen, auch in Christiansfeld wurde eine Ortsgruppe desselben neu gegründet und zum Vorsitzenden wurde ich gewählt. Ich darf wohl sagen, dass ich meine ganze Persönlichkeit einsetzte, um meinerseits der Sache zu dienen, und so war es mir eine große Freude und ein neuer Ansporn zugleich, als mir 1904 vom geliebten alten Kaiser der Kronenorden 4. Klasse zuerkannt wurde.

Ganz allmählich und im Laufe der Jahre zunehmend, hatte sich bei meiner lieben Frau eine unheilbare Taubheit eingestellt, sodass wir in Rücksicht darauf unseren zeitweilig sehr lebhaften Freundes- und Verwandtenverkehr mehr und mehr einschränken mussten. Einen schönen Ersatz dafür fanden wir darin, dass unsere liebe Nichte Gertrud als Lehrerin der Ortsschule in Christiansfeld angestellt worden war und in unserem Hause mit ihren Kolleginnen viel aus und einging. Da wir sie auch beköstigten, sahen wir sie alle Tage und durften uns so gegenseitig zur Anregung, Freude und Stütze gereichen. Leider verließ sie diesen Arbeitsposten schon 1905 wieder, und wir blieben recht vereinsamt und dem Alter entgegen eilend zurück. Unseren Hauptverkehr bildeten nunmehr neben Mitgliedern unserer Familie einige treue Freunde aus Hadersleben, der nächsten Nachbarschaft und aus Christiansfeld selbst, worunter in erster Linie mein lieber treuer Gehilfe Bruder Ludwig Schmidt aus Ebersdorf, der uns mit seiner ganzen Familie eine langjährige, aufrichtige Freundschaft bewahrt hat. Im Februar 1906 entschlief in Niesky mein geliebter Bruder Otto, zu dessen Beerdigung ich dorthin eilte. Somit war uns wieder ein Glied unserer zahlreichen Familie für immer entrückt. Im Sommer erlebte ich die Freude, meinen Bruder Christian aus England zum letzten Mal in der Apotheke aufnehmen zu können. Wir beiden durchlebten in Gedanken noch einmal unsere glückliche Kinderzeit und die frohen Jugendjahre und unternahmen zusammen eine Reise durch Ostholstein bis nach Lübeck. Im Herbst dieses Jahres trat mein Neffe Wilfred Parade als Gehilfe bei mir ein und nahm seinem alternden Onkel manche Last von den Schultern.

Nun begann meine liebe Frau mehr und mehr zu kränkeln und gab zu mancher Sorge Anlass, bis sie zu meinem großen Schmerz im August 1909 heimging, nachdem wir viele Jahre über die silberne Hochzeit hinaus den Lebensweg hatten zusammen pilgern dürfen. So legte ich denn, nun völlig vereinsamt, meine Arbeit zugunsten meines Neffen Wilfred Padel nieder, der von nun an die Apotheke verwaltete. Ich selbst behielt zunächst noch meine alte Wohnung, verwaltete einige gemeinnützige Ämter, besuchte meinen lieben Freund in Hadersleben, machte einsame Spaziergänge zu Fuß und per Rad und empfand so recht meine große Einsamkeit und Verlassenheit. Im Frühjahr 1910 verlobte sich mein Neffe, und ich bezog im Herbst, um dem jungen Paare Platz zu machen, eine kleine Witwerwohnung in der Bahnhofstraße, jedoch erst nachdem ich meinen Bruder in England zum zweiten und letzten Mal in seinem gemütlichen Landhaus im Norden von Yorkshire besucht hatte. Es waren schöne anregende Wochen. Viel streifte ich in den schier endlos sich dehnende Heideflächen umher, lernte Land und Leute des nördlichen Englands, vor allem aber diesen ausländischen Zweig meiner Familie aufs Neue kennen und schätzen. Doch lag des Öfteren wie eine leichte Entfremdung zwischen uns Brüdern, denn unsere politischen Anschauungen schufen oft Reibungen und der Engländer, der mein Bruder geworden, wollte den Deutschen, der ich geblieben, nicht mehr verstehen. Doch fanden wir uns stets wieder zur alten brüderlichen Liebe zurück. Das Weihnachtsfest brachte ich dann in Niesky zu, um der Anfang 1911 stattfindenden Hochzeit meines Neffen Wilfred beizuwohnen und kehrte dann in meine kleine, einsame Wohnung zurück. Wie schwer und trostlos mir mein stilles, beiseitegeschobenes Dasein wurde, kann ich nicht aussprechen, und so reifte langsam zwar, aber immer bestimmender in mir der Entschluss, die Nachfolgerin meiner Nichte im Amt, Schwester Lydia Kunz, die ich Gelegenheit gehabt hatte, kennen und lieben zu lernen, um ihre Hand zum Bunde zu bitten. Bei ihr glaubte und hoffte ich das zu finden, was ich für die Jahre des Alters und in meinen völlig veränderten Verhältnissen benötigte. Wie danke ich Gott von Herzen, dass er es so gefügt hat und ich mich nicht täuschte: Sie wurde mir eine treue, kräftige Stütze und Hilfe für Leib und Seele.

Unser Trautext am 7. Juli 1911 lautete: Des Gerechten Gebet vermag viel, wenn es ernstlich ist. Jakobus 5, 16.

Unsere Hochzeit fand im Königsfeld Stadt, wohin ich einige Tage vorher gefahren war, um mich mit dem dort befindlichen Teil der Familie meiner lieben Braut bekannt zu machen und die wundervolle Gegend mit ihrer prächtigen Höhenluft etwas zu genießen. Leider konnten wir uns den Wunsch, die Schweiz und die dortigen Verwandten zu besuchen, nicht erfüllen, weil uns die Mittel dazu fehlten, hatten wir doch die weite Reise vom äußersten Süden nach dem nördlichsten Punkt Deutschlands und die Einrichtung unseres neuen kleinen Heims vor uns. Nach einer stillen Hochzeit im engsten Kreise traten wir die Reise über Baden-Baden, Heidelberg, Wartburg, Weimar über Hamburg nach Christiansfeld an. Wir bezogen dort ein kleines Häuschen zur Miete in der „kleinen Straße" mit außerordentlich großem Gartengrundstück, und da wir außerdem auf dem Apothekenboden noch alte Familiensachen durchzusehen und zu beseitigen hatten, so begann für uns beide gleich eine recht stramme Arbeitszeit. Unendlich gerne denken wir noch jetzt an die drei glücklichen Jahre zurück, die wir bei fleißigster Arbeit in unserem idyllisch kleinen gemütlichen Heim verlebten, meine liebe Frau geistig und körperlich überall angespannt tätig, ich im Fleckenskollegium mitarbeitend und als Stellvertreter meines Freundes, des damaligen Bürgermeisters Achtnich in seinen vielseitigen Geschäften und als Standesbeamter tätig (meiner früheren Tätigkeit als Ältestenratsmitglied hatten meine „dänischen Gönner" ein rasches Ende bereitet), und immer nach Kräften für unser Deutschtum arbeitend, im Übrigen als Gärtner mit dem üppig wuchernden Unkraut des sehr vernachlässigten Gartenlandes kämpfend, so stehen mir diese ersten Jahre meiner zweiten Ehe in Erinnerung. Auf die Dauer aber konnten wir diese harte anstrengende Arbeit nicht mehr leisten. Als sich eine passende Wohnung mit kleinerem Garten unvermutet fand, beschlossen wir schweren Herzens unser liebes Heim mit dieser anderen zu vertauschen. Vorher stärken wir uns aber zu dem bevorstehenden Umzug durch eine Erholungswoche in Gremsmühlen, wo wir im bereits erwähnten Hause im Juli 1914 wieder freundliche Aufnahme fanden, Wald und Wasser fleißig genossen, und besonders an den Ufern des poetischen kleinen Ukleysees unvergessliche Stunden verbrachten. Nie aber werde ich den Morgen vergessen, an dem ein älterer, hoher Beamter, ebenfalls Sommergast, dass allgemeine Frühstückszimmer betrat mit den Worten: „Meine Herrschaften, in 14 Tagen haben wir den Krieg." Alle Anwesenden fuhren aus den Sitzen empor ungläubig oder ängstlich, mussten aber den sachgemäßen Ausführungen dieses Herrn, der auch sofort abreiste, Glauben schenken. Unsere Offiziersfamilien verließen auch bald darauf das gastliche Haus, und auch wir traten den Heimweg an und erlebten den denkwürdigen 1. August mit allen Unruhen und Sorgen des Grenzlandes gegen Dänemark als Einfallstor für England. Wir standen also am Eingang des Weltkrieges. Sofort wurde die etwa eine Viertelstunde von Christiansfeld gelegene Grenze gesperrt, deutscher wie dänischerseits mit Posten besetzt, und es blieb abzuwarten, welche Stellung Dänemark unter englischem Drucke stehend künftighin uns gegenüber einnehmen würde und ob es seinen Hafen von Nabjerg der englischen Flotte überlassen werde, was dann auch für Christiansfelds Ergehen von großen Einfluss gewesen wäre.

In diese ersten Kriegsmonate fiel unser Umzug, kaum war er in der Hauptsache überstanden, so wurde Einquartierung gemeldet, die dann auch mit nur kurzen Unterbrechungen und vielem Wechsel die ganzen Jahre hindurch dauerte. Vorübergehend bestand die Gefahr für Christiansfelds Gebiet zum Kriegsschauplatz zu werden. Nachts rasselten schwere Lastautos mit Munition beladen die Straße nach Norden hinauf, der hohe

Generalstab besah sich heimlich das Gelände, Schützengräben wurden ausgehoben. Auch wir überlegten, ob wir wie viele andere unsere Wertsachen etc. nach dem Süden verschicken sollten. Rasch stieg der Preis vieler Nahrungsmittel, andere wurden bald bedenklich knapp. Dazu fortlaufende Kosten für Heizung und Beleuchtung der Einquartierung, die man zeitweise auch für ein ganz kleines Entgelt beköstigen musste, bis endlich eine Feldküche in der Turnhalle der Knabenanstalt eingerichtet werden konnte. Ja, es gab viele Schwierigkeiten auch bei den einquartierten Mannschaften, die oft recht sozialdemokratische Neigungen und Unarten verrieten. Leise gärte schon damals die Unzufriedenheit bei vielen. Bürgerliche Offiziere ließen Frau und Kinder kommen und aßen den Einwohnern weg, was man selber so gut gebrauchen konnte. Lange Zeit überstieg die Zahl der Einquartierten die der Bürgerschaft Christiansfelds. Die Chor- und Schlafsäle der Chorhäuser wurden zu Massenquartieren. Längst der ganzen nördlichen Grenzlinie von Osten nach Westen stand eine Postenkette, und wir ehrlichen Deutschen mussten unseren Pass vorzeigen, sobald wir uns nur etwas über Christiansfelds Boden hinaus wagten. Kurz, überall herrschte das Militär vor.

Es kam der harte Winter, in dem man Kohlrüben aß und mehr oder weniger elend darüber wurde. Auch in der Feldküche wurde die Ernährung so dürftig, dass fast alle Mannschaften am Magen erkrankten. Trotz aller Entbehrungen litten wir keinen Mangel, denn meine liebe Frau verstand es immer noch praktisch einzukaufen, wir hatten immer genug, ohne einen Pass zum Überschreiten der Grenze zu besitzen, weil das nur ein Weg war, auf leichte Weise viel Geld loszuwerden.

Um den Soldaten etwas allgemeine Gemütlichkeit zu verschaffen, wurde im Schwesternhaus ein „Heim" eingerichtet, in dem die verheirateten Schwestern abwechselnd je nach Begabung und Können für Unterhaltung sorgten und dabei einen kleinen, harmlosen Ausschank von Kaffee, Tee etc. betrieben.

Wehen Herzens lieferten meine Frau und ich auf höheren Befehl die Gummireifen unserer Räder ab. Das Radeln war verboten worden und somit auch unsere frohen Fahrten nach dem Strande. Nun hieß es, dorthin zu laufen. Und dann trauerte man über die Verödung und Vernachlässigung des sonst so gern besuchten Anslet-Gravenshoved, wo aus dem Wirtshause hinter zerbrochenen Fensterscheiben Soldatenstimmen klangen. Die lange Landungsbrücke mit den sauberen Badehäuschen war abgebrochen. Kein deutscher Dampfer verkehrte mehr im Kleinen Belt. In einer entlegenen Bucht lagen einige alte Panzerkreuzer auf Wacht, und Wachtposten stapften durch den Sand, gaben beim Erscheinen verdächtig aussehender Fahrzeuge ihre Signale und erzählten gern von ihren Kriegsschicksalen.

Alles litt unter den drückenden Verhältnissen, nur das Meer war gleich und sich selber treu geblieben. Unsere vielen glorreichen Siege wurden trotz dänischer Gegenströmung froh gefeiert, aber die wirtschaftliche Lage wurde bei uns recht drückend, und die Frage um das endgültige Schicksal unsrer geliebten Nordmark immer brennender. Da die Gesundheit meiner lieben Frau das Seeklima nicht vertrug und durch die besonderen Strapazen der letzten Jahre recht gelitten hatte, riet der Arzt schon 1915 zu einem Wechsel in ein Höhenklima, doch wurde aus Rücksicht auf mich und mein hohes Alter der Aufbruch immer wieder verschoben. So feierten wir im Mai 1917 noch meinen 80jährigen Geburtstag in der alten Heimat. Es war unsere Absicht gewesen, diesen Tag ganz still irgendwo an der See zu verbringen. Da erschien aber kurz vorher durch einen guten Freund veranlasst ein Artikel in der „Grenzpost", sodass ein Entweichen nicht möglich war, und es wurde ein Tag reich an Freude, Liebe und Teilnahme von guten Freunden und zugleich ein schöner, friedevoller Abschluss meines Lebensganges und meiner Arbeit im lieben Christiansfeld.

Nun drängten unsere Verhältnisse aber ernstlich zur Abreise. Unser Plan war es nach Königsfeld zu ziehen, während sich aber dort keine Wohnung vermitteln ließ, fand sich in Ebersdorf ganz unvermutet eine, die wir sogleich telegraphisch mieteten. Das

Packen ging gut vonstatten, als wir aber unseren Abreisetag festgesetzt hatten, wurde Gütersperre gemeldet, nach dieser war kein Wagen zum Transport aufzutreiben, sodass wir über 14 Tage inmitten unserer Kisten verbringen mussten und schon die Hoffnung aufgegeben hatten, noch vor dem Winter fortzukommen. Endlich konnten wir am 13. November die Reise antreten und langten am 17. abends in Ebersdorf an, wo uns ein kleines Eselsfuhrwerk im Gasthof der Brüdergemeine ablieferte. So sind wir denn nach mancherlei Stürmen mannigfacher Art in diesem Friedenshafen gelandet, dürfen hier im Herzen Deutschlands auch von Herzen deutsch sein, haben Lieb und Leid dieser harten Jahre auch hier getragen und viel freundliches Wohlwollen und teilnahmsvolle Hilfe in allerlei Not erfahren. Dem Herrn sei Dank für beides, für Liebe und für Leid.

Wenn ich nun gegen Ende meines langen, ereignisreichen Lebens zurück schaue, so kann ich nur sagen:
Nichts als Jesu Christi Gnade,
nichts als sein Verdienst allein
Lässt mich arme, sündge Made
gut, gerecht und selig sein.

Und. Christi Blut und Gerechtigkeit
das ist mein Schmuck und Ehrenkleid,
damit will ich vor Gott bestehn,
wenn ich zum Himmel werd eingehn.

Über die letzten Lebensjahre meines geliebten Mannes möchte ich noch folgendes hinzufügen:
Er lebte sich trotz seines hohen Alters überraschend schnell in die neuen Verhältnisse ein, fühlte sich hier in Ebersdorf von Herzen wohl und erwähnte mehr als einmal, wie dankbar er Gott sei, dass er ihn noch in eine Gebirgsgegend geführt habe. Wir erlebten neben aller Arbeit schöne, stille, traurige Zeiten durch Naturgenuss und ernste, erhebende Lektüre. Mein lieber Mann

war nicht von vielen Worten, auch darin ein echter Nordschleswiger, aber nur kurze Andeutungen genügten mir, die ich ihn so genau kannte, um in seinem Inneren zu lesen. Ich darf wohl sagen, er gehörte zu denen, die reinen Herzens sind, und stets strömte von ihm jener stille Friede, die milde und innere Harmonie aus, die das hohe Alter so schön zieren.

Sein Gesundheitszustand war merkwürdig gut. Einige ziemlich heftige Grippeanfälle und eine Knieverletzung überwand er noch vor zwei Jahren, blieb auch im letzten kalten Winter von allen Krankheiten verschont. Die warmen Tage des Vorsommers verbrachten wir vielfach im Freien, und ich spürte nicht die Schatten, die sich leise über unser stilles, glückliches Zusammenleben breiteten. Freitag, den 25. Juli, klagte er plötzlich über Frost, beruhigt mich aber, nachdem er sich wärmere Kleider angezogen hatte, doch fiel mir einen Augenblick sein schlechtes Aussehen auf. Als ich ihn darüber ausforschte, gab er lachend zu Antwort, ihm fehle nichts. Der Sonnabend verlief ohne beängstigende Zeichen, doch brachen in der Nacht plötzlich die heftigsten Schmerzen bei ihm aus, so dass er sich stöhnend hin und her warf. Einige angewandte Mittel verschafften nur wenig Linderung, und der hinzugezogene Arzt stellte eine Blasenkrankheit fest. Schwer war es schon für mich, seine Schmerzen mit ansehen zu müssen, ohne helfen zu können, was muss er selber aber ausgestanden haben! Ich werde wohl sein liebes Gesicht mit dem Ausdruck höchster Qual bei den einzelnen Anfällen nie mehr vergessen! Gottlob, dass er alles überstanden hat. Ich gönne ihm die Ruhe und den Frieden nach diesen heißen Leidenstagen und rufe ihm meinen innigen Dank für alle Liebe und Treue nach, die er mir in seiner stillen, zarten, feinen Weise in den 13 Jahren unserer Ehe erwiesen hat.

Noch möchte ich allen, die ihm und auch mir mit Teilnahme, Rat und Beistand so wohl getan haben, meinen herzlichen Dank aussprechen, namentlich seiner treuen Pflegerin der letzten schweren Tage, die aufopferungsvoll alles tat, um ihm Linderung und Hilfe zu leisten.

20. Berta Dorothea Schumann 1845-1882

Lebenslauf der am 30. August 1882 heimgegangenen ledigen Schwester Berta Dorothea Schumann.

Fürchte dich nicht, denn ich habe dich erlöset. Ich habe dich bei deinem Namen gerufen, du bist mein! Jesaja 43,1.

Lob, Preis und Dank seit dem dreieinigen Gott in Zeit und Ewigkeit, dass er obigen Spruch auch mich in meinem langen Leben hat erfahren lassen, wovon folgende Aufzeichnungen ein schwaches Zeugnis ablegen sollen.

Geboren bin ich den 20. November 1845 in Louisville im Staate Kentucky, USA, wo meine Eltern, Georg Schumann und Caroline, geborene Börner, zurzeit wohnten. Und der heiligen Taufe erhielt ich die Namen Berta Dorothea. Bald darauf gründete mein Vater im Verein mit Mutters Bruder ein Kolonialwaren-Geschäft verbunden, mit Import von Sonneberger Spielwaren in Memphis in Tennessee, und somit siedelte die Familie dorthin über. Ich war das dritte Kind meiner Eltern. Das älteste, namens Heinrich, hatte Gott schon 10 Tage nach der Geburt zu sich in sein Himmelreich genommen. Das zweite war meine Schwester Emma. Mit uns zwei Kindern reisten die Eltern 1847 nach Deutschland zurück, teils in Erbschaft-Angelegenheiten, teils Geschäfts wegen. Beide Eltern stammten aus dem Herzogtum Coburg und waren einst, noch ledig, nach Amerika ausgewandert. Im Cortendorf bei Coburg, wo wir Verwandte hatten, wurde 1848 meine jüngste Schwester Paula geboren. Mein lieber Vater, der mit seinem urdeutschen Gemüt in Amerika nie wirklich heimisch geworden war, wollte nun in Coburg ein Geschäft käuflich übernehmen. Doch noch ehe es dazu kam, ging er 1849 im 29. Lebensjahr an Schwindsucht selig und Gott ergeben aus der Zeit. Ein Jahr darauf im Juli 1850 wurde auch meine Schwester Emma in ihrem siebten Lebensjahr an einer schnellen Krankheit vollendet.

Deutlich stehen mir noch der Schmerz und die Trauer meiner lieben Mutter um die teuren Heimgegangenen vor Augen. Und unvergesslich ist mir, wie sie oft von der ewigen, seligen Heimat zu uns zwei übriggebliebenen Kindern sprach. Manchmal, wenn am Abend die goldenen Sternlein am Himmelszelt prangten, trat sie mit uns ans Fenster und sprach vom fernen Welten und auf welchem Stern wohl unsere vorangegangenen Lieben weilen könnten. 1851 erkrankte unsere liebe Mutter und wurde bettlägerig. Wir hatten eine alte, treue Dienerin, namens Christel, die nun den Haushalt führte, die Mutter pflegte und uns Kinder besorgte. Der Mutter Wunsch und Gebet war, Gott möge sie so lang noch am Leben erhalten, bis wenigstens ich das Konfirmations-Alter erreicht haben würde. Gott erhörte in Gnaden diese Bitte, er schenkte ihr eine Zeit der Erholung, in der sie das Bett wieder verlassen konnte, ja selbst mit Hilfe von zwei Krücken noch einige Jahre den kleinen Haushalt selbst besorgen konnte. Sie überwachte unsere Schularbeiten, lehrte uns, hauptsächlich durch ihr Beispiel, mildtätig gegen Arme zu sein und Kranken wohl zu tun. Ich besuchte das zweite Jahr den Konfirmandenunterricht und sollte 1859 konfirmiert werden. Da, im Herbst 1858 wurde Mutter wieder kränker, sie sprach viel von ihrem baldigen Sterben und freute sich, aus dieser Welt zu scheiden.

Im Blick auf uns hatte sie viel Gottvertrauen, sie empfahl uns in des Herrn Obhut und bestellte uns einen Vormund. Sie machte es ihm zur Pflicht, uns in ein Pensionat zu bringen, damit wir gemeinsam mit anderen Kindern eine gute Erziehung fürs weitere Leben erhalten sollten. Unvergesslich bleibt mir die Stunde ihres Abscheidens, ich war allein bei ihr, da bat sie mich, ihr aus dem Bett zu helfen. Indem ich sie nun in meinen Armen hielt, brachen mit einem Mal ihre lieben Augen, und erschrocken sah ich mich nach Hilfe um. In diesem Augenblick fügte es der Herr, dass zwei Freundinnen meiner Mutter zu mir in die Schlafstube traten. Sie nahmen mir die Sterbende aus den Armen, da kehrte noch einmal volles Bewusstsein in das Gesicht der Teuren zurück. Mit seligem, schon verklärtem Lächeln wandte sie den Kopf nach mir und nickte mir und meiner Schwester, die inzwischen auch gekommen war, noch einmal zu, dann entfloh der Geist. Eine befreundete Familie im Haus nahm uns alsbald zu sich, bis wir einige Zeit nach der Beerdigung Aufnahme in der Familie unseres Vormundes, Rechtsanwalt Streit, fanden. Was hatte ich nun bis dahin im Innern erlebt? Im vierten Lebensjahr machte ich Bekanntschaft mit der Sünde. Vater wünschte einen Trunk frischen Wassers aus einem bestimmten Brunnen. Darauf übergab Mutter meiner Schwester Emma einen Krug, und ich sollte zur Begleitung mitgehen. Unterwegs aber wollte ich denselben tragen, es entspann sich Streit, und bald lag der Krug in Scherben am Boden. Zu Hause wieder angelangt, nahm mich Vater als die Schuldige an der Hand und stellte mich zur Strafe in eine Ecke unsere Schlafstube. Von da ab trat ich mit mehr oder weniger Glück in die Reihe der Kämpfenden, denn ich wollte artig sein und die Liebe der Eltern nicht verlieren. Ein andermal nahm mich Vater auf seine Knie und zeigte mir viele schöne Spielsachen, die auf einem großen Tisch ausgebreitet waren. Da fühlte ich besonders seine Liebe und Güte, und später war mir der Spruch „Wie sich ein Vater über seine Kinder erbarmt, so erbarmt sich der Herr über die, so ihn fürchten", Psalm 103,13, immer besonders lieb. Gern betete ich in der Kindheit „Lieber Gott, mach mich fromm, dass ich in den Himmel komm". Bedenklich war mir jedoch der Nachsatz: „Sollt ich aber das nicht werden, nimm mich lieber von der Erden". Es war so schön zu leben! Doch in den Himmel wollte ich, so betete ich mutig auch die zweite Hälfte, sollte ich auch sterben und Mutter und Schwester verlassen müssen. Einmal hörte ich, wie meine Mutter einer Freundin klagte, dass ich so eigensinnig sei. Dass beschämte mich, und ich suchte fortan besser dagegen anzukämpfen. Weil ich gern Geschichten las, erlaubte mir Mutter Gebrauch von unserer guten Schulbibliothek zu machen, wodurch sie mir viel Freude bereitete. Unvergesslich ist mir das bekannte Buch „Die weite, weite Welt", welches ich mit viel Tränen und Segen für mein Herz las. - An den Sorgen meiner lieben Mutter ums tägliche Durchkommen nahm ich regen Anteil. Unser Einkommen bestand hauptsächlich aus dem Ertrag eines Bauerngutes, Vater stammte vom Land, und es war das Erbteil von den Großeltern. Die einzelnen Pächter aber waren oft sehr säumig, der Witwe den fälligen Pachtzins zu zahlen. Zuweilen schickte Mutter die treue Christel aus, um die Pächter zu mahnen, und ich hatte sie dann zu begleiten. Mutter war sehr geschickt in der Hand, nähte all unsere Kinderwäsche und Kleidchen selbst und suchte in gesunden Tagen auch etwas durch Handarbeit zu verdienen. So wurden wir Kinder schon frühe an Genügsamkeit gewöhnt, doch staunten wir, wenn Mutter von so teuren Zeiten erzählte, wo selbst reiche Kinder die Kartoffeln abgezählt bekamen. Ich besuchte die Bürgerschule in Coburg, besonders lieb war mir der Religionsunterricht. An der Hand von Luthers Katechismus wurden die 10 Gebote durchgenommen und mit Beispielen erläutert. Als ich zum Schluss lernte: „Was sagt nun Gott von diesen Geboten allen?", machten die Worte: „Ich suche heim die Sünde der Väter bis ins dritte und vierte Glied, aber denen, die mich lieben und meine Gebote halten, tue ich wohl bis ins Tausendste Glied", großen Eindruck auf mich. Und ich fragte Mutter eindringlich, ob auch die bereits gestorbenen Großeltern gottesfürchtig gewesen seien. Die drei Glaubensartikel waren mir besonders lieb, und ich wünsche von ganzem Herzen dem Herrn angehören zu dürfen, der mich nicht mit Gold oder Silber, sondern mit seinem teuren Blut erlöst hat. In der Kirchengeschichte-Stunde hörte ich zum ersten Mal von Johann Huss und schloss ihn in mein Herz, von den „Herrnhuter" und ihren Schwesternhauben und von verschiedenen Sekten. Mit der Bibel wurden wir näher bekannt und lernten sie lieben, indem wir wöchentlich eine Reihe

Bibelstellen uns anmerken mussten, um dieselben zu Hause aufzusuchen und in ein Spruchheft abzuschreiben. In der obersten Klasse unserer Schule wurden wir am Montag regelmäßig gefragt, welche Kirche wir am Sonntag besucht hätten, und mussten dann den Text, das Thema und die Teile wiederholen. Freudentage in der Schulzeit waren das Kinderfest, Gregorius genannt, und ein jährlicher Sommerausflug in die schöne Umgebung Coburgs. Ein Ausflug auf Leiterwagen nach Schloss Banz und Vierzehnheiligen, wo ich mit Entzücken den schönen Mainstrom sah, ist mir in besonders lieber Erinnerung.

Ich war ein überaus schüchternes, stilles, ernstes Kind und hatte lebenslang gegen Schüchternheit und Unbeholfenheit anzukämpfen.

Mutter sagte mir auf dem Sterbebett: „Du wirst in deinem Leben oft verkannt werden, aber ein Mutterauge sieht tiefer." Erst im späteren Leben verstand ich den Sinn dieser Worte, und sie wurden mir zum Trost, denn tiefer noch als das Mutterauge schaut der Herzenskündiger. Im Herbst 1858 stand ein sehr schöner Komet mit langem Schweif am Himmel, und wenn ich des Abends einmal über den Marktplatz ging, ihn zu sehen, so betete ich im Herzen, der allmächtige Schöpfer solcher Wunderwerke möge mich und meine Schwester den rechten Weg führen, wusste ich doch, in Coburg war unseres Bleibens nicht. Ostern 1859 wurde ich in der Moritzkirche konfirmiert und erhielt zur Einsegnung den Spruch: „Sei getrost bis in den Tod, so will ich dir die Krone des Lebens geben. Offenbarung 2, 10. Im Juli verabschiedeten wir uns, um nach Ebersdorf zu reisen. Eine Tante, die zugleich meine Pate war, sagte dabei: „Also in die Brüdergemeine nach Ebersdorf kommt ihr, nun, dort ist schon manche Vorsteherin geworden, aber aus dir wird wohl keine werden". Diese Worte, mir völlig unverständlich, blieben doch haften, und als ich nach vielen Jahren als Pflegerin der ledigen Schwestern nach Neudietendorf berufen wurde, kamen sie mir wieder ins Gedächtnis. Die treue Patin, die 1870 entschlief, hatte wohl öfters meiner im Gebet gedacht. In Ebersdorf angekommen, war mir manchmal recht bang, aber meine Schwester, die sich schneller an Fremde anschloss, half mir über das Eingewöhnen hinweg. Bald fühlte ich mich wohlgeborgen, die Direktion, Geschwister Fürstenberger, und die Lehrerinnen erzogen uns mit Liebe und Treue. Bruder Fürstenberger erteilte den Religionsunterricht, und vor dem jeweiligen Abendmahl pflegte er uns konfirmierten Mädchen eine kleine Ansprache in besonderer Stube zu halten. Ich sehe noch, wie der ehrwürdige Greis, mit geschlossenen Augen vor uns stehend, unter anderem sagte, im Abendmahl fließt uns gewiss mehr Segen zu, als wir armen Menschen ahnen können. So suchte er uns, dies Sakrament lieb und wert zu machen. 1861 ist er heimgegangen, wir hatten an seinem Sarg eine kleine Feier. An seine Statt trat Bruder Röchling aus Livland. Dieser beteiligte sich noch mehr an den Schulstunden, übernahm alsbald die erste deutsche Klasse und wusste in jeder Weise uns anzuregen.

In meinen Schulkenntnissen entdeckte ich manche Lücken, und das Lernen wurde mir nicht leicht. Unter den Pensionärinnen waren damals einige ältere, liebe Mädchen aus Südfrankreich, Pastorentöchter, die sich zu Lehrerinnen ausbilden wollten. Dieselben leuchteten durch ihr gutes Beispiel uns allen voran, sie waren evangelisch, lasen täglich für sich in der Bibel und schätzten es hoch, dass zurzeit in Frankreich Gewissensfreiheit herrschte. Der Segen aus der Hugenotten-Zeit ruhte sichtbar auf ihnen.

Auch ich nahm mein Neues Testament zur Hand und suchte es der Reihe nach durchzulesen, wodurch ich viel Segen fürs Herz hatte. Die kirchlichen Versammlungen, besonders die Feier des Heiligen Abendmahls, machten tiefen Eindruck auf mich. Ich wuchs in der Sündenerkenntnis, und die Person des Heilandes trat mir näher. Nun erfüllte Zweifel mein Herz, ob ich auch zu ihm beten dürfte, denn ich hielt es für einen Raub an Gott. Ich wagte es, und mit der Zeit wurde mir klar, der Vater selbst ist es, der uns zum Sohne zieht, und der Sohn hinwiederum zum Vater. Mit hoher Freude erfüllte mein Herz die Gewissheit, dass der Heiland Macht hat, die Sünde zu tilgen, und dass er uns Heiligungskraft schenkt. Der Umgang mit so vielen Gotteskindern tat mir im Innersten wohl. Das frische, fröhliche Leben in unserem Pensionat gefiel mir desgleichen, und gern erinnere ich mich an eine ältere Engländerin, namens Margaret Berry, dieselbe nahm sich in wahrhaft mütterlicher Weise unserer an. Sie war dazu sehr munter, hatte tiefschwarzes Haar, dass, wenn man darüber strich, im Dunkeln elektrische Funken von sich gab, wie sie denn auch mit ihren freundlichen Augen „blitzen" konnte, wenn wir Kinder sie darum bettelten. Ich hoffe, in der Ewigkeit ihr einst begegnen zu können. Allmählich reifte der Entschluss in mir, Lehrerin werden zu wollen. Eines Morgens teilte mir Direktor Röchling mit, mein Vormund habe bestimmt, ich solle Lehrerin werden und mir dazu im Ausland die französische Sprache aneignen. Erfreut willigte ich ein und reiste im Oktober 1862 nach reichlich dreijährigem Aufenthalt in Ebersdorf in Begleitung einer Lehrerin nach Montmirail in der Schweiz.

Das dortige Pensionat war damals recht besetzt, es gab fünf volle Stuben mit vielleicht 80 Pensionärinnen. Ich wurde bald mit den Mädchen aus der Brüdergemeine bekannt, und ich hielt mich zu ihnen. Wir hatten manchen Gedankenaustausch, und ich darf wohl sagen, eine jede von uns wünschte ernstlich, das Eigentum unseres Heilandes zu sein und ihm zu dienen. Es war eine gesegnete, schöne Zeit, wiewohl mich manchmal große Angst überfiel, ob ich jemals genug Kenntnisse haben würde, um die Stelle einer Lehrerin auszufüllen. Den Religionsunterricht erteilte uns Bruder Verbeek, unser Direktor. Er bemühte sich, uns weiter zu fördern, wusste auch in uns warmes Interesse, ja Liebe, für das einst auserwählte Volk der Juden zu erwecken. 1863 hatte ich die Freude, meine Schwester gleichfalls als Pensionärin in Montmirail eintreten zu sehen. Ende Juni 1864 kehrte ich nach Coburg zurück und erhielt bald darauf von meinem früheren Direktor, Bruder Röchling, die freundliche Aufforderung, als Lehrerin in Ebersdorf einzutreten. Leider wurde er bald versetzt, und Bruder Hentschel trat an seine Stelle. Gern war ich dem Ruf gefolgt und wurde am 17. August 1864 meinen Zöglingen als Stubenlehrerin vorgestellt. Ich suchte mich nun weiter fortzubilden, indem ich mich gewissenhaft auf die Schulstunden vorbereitete. Besonders lieb war mir das „Taghalten", die Aufsicht bei den Kindern, die von Mittag bis wieder Mittag ging. Ich suchte die Kinder mütterlich zu erziehen und ihnen Liebe zu Gott und seinem Wort ins Herz zu pflanzen, damit sie im späteren Leben einen Halt haben möchten. Was ich aber in dem mir so lieben Beruf gefehlt, versäumt und gesündigt habe, das wolle der Heiland mir in Gnaden vergeben. Da ich, je länger, je mehr, mich mit der Brüdergemeine verbunden fühlte, und in ihr noch weiter arbeiten wollte, so bat ich um Aufnahme in dieselbe, welche denn auch zu meiner Freude am 1. März 1867 erfolgte. Nachdem ich nun 13 Jahre in Ebersdorf an der Jugend gearbeitet hatte, folgte ich 1877 einem Ruf nach Christiansfeld, wohin Bruder Hentschel, mein früherer Direktor, ein Jahr vorher versetzt worden war. Ich wusste wohl, dass ich nicht die Gaben hatte, eine niedergehende Anstalt wieder zur Blüte zu bringen. Da jedoch bereits acht Schwestern abgesagt hatten, so sah ich es als meine Führung an. Bis Frühjahr 1881 weilte ich dort, dann folgte ich gern einem Ruf, der durchs Los an mich ergangen war, als Pflegerin der ledigen Schwestern nach Neudietendorf. Hier waltete ich 23 Jahre meines Amtes, erlebte fünf Kolleginnen und ebenso viele Gemeinhelfer. Der viele Wechsel war mir nicht immer leicht. Das Amt war mir lieb und wert, obgleich mich die Verantwortung, meine Unzulänglichkeit und mein Hintenanbleiben zuweilen recht bedrückten. Mein einziger Trost war dann Jesus. Er wusste ja um alle meine Umstände, ja, hatte selbst mich schwaches, törichtes Kind schon früh zum Dienst in seinem Weinberg berufen und würde auch zur rechten Stunde mich wieder ausspannen. Um des Herrn Beistand bat ich besonders beim „Sprechen" der einzelnen mir anvertrauten Seelen, ich hoffe die Arbeit war nicht ganz umsonst. Während der langen Amtszeit gab es auch viel Krankheit und Sterben. Es gingen wohl an 15 bis 20 Schwestern heim. Es gab Zeiten des Friedens im Chorhaus, wo man des Heilandes Nähe fühlte, es gab aber auch Jahre, da satanische Kräfte sich besonders regten, und ich meine Ohnmacht und Unverstand schmerzlich empfand. In einer solchen Zeit stärkte mich einmal wunderbar Jesaja 43,2: „So du durch Wasser gehst, will ich bei dir sein, dass dich die Ströme nicht sollen ersäufen, und so du ins Feuer gehst, sollst du nicht brennen und die Flamme soll dich nicht versengen. Denn ich bin der Herr, dein Gott und der Heilige in Israel, dein Heiland".

Zunehmende Schwerhörigkeit veranlasste mich 1904, nach 40-jährigem Dienst, um Eintritt in den Ruhestand zu bitten. Den 30. September zog ich nach Ebersdorf, um daselbst gemeinsam mit meiner Schwester Paula und einer lieben Freundin die letzten Lebensjahre zu verbringen. Es war ein trauliches Beisammensein im Schwesternhaus. Zunächst war ich freilich sehr kraftlos und angegriffen, dazu kam seit März 1906 ein anhaltendes Sausen im Kopf. Im April 1912 ging meine liebe Schwester friedvoll und selig heim, 8 Tage nach dem Genuss des heiligen Abendmahles am Gründonnerstag. Sie fühlte sich schon an diesem Tag nicht recht wohl, wollte aber nicht zurückbleiben und legte sich gleich darauf mit Schüttelfrost zu Bett, um nicht wieder aufzustehen. Das achtjährige nochmalige Zusammenleben mit ihr bleibt mir ein Gegenstand der Freude und des Dankes, es war ein Stückchen Familienglück. 1916 folgte ihr meine liebe Freundin Émilie Robst. Einsam und doch nicht allein, pilgere ich nun weiter und bin immer noch lebensfreudig. Ich darf erfahren: „Ich will euch trösten, wie einen seine Mutter tröstet". Jesaja 66, 13. Mein Befinden hat sich gebessert, auch ist das jahrelange, lästige Rauschen erträglicher. Die Schwerhörigkeit ist mir zuweilen schwer, doch ist sie mir auch ein schützender, lieber Mantel, ich brauche nun nicht mehr in die Öffentlichkeit treten, dieser Kampf ist zu Ende. Schöne Bücher, unter anderem die Stuttgarter Jubiläumsbibel, ersetzen mir etwas die lieben Gottesdienste, auch bringt mir der Heilige Geist manch liebes, gehörte Wort oder auswendig Gelerntes ins Gedächtnis zurück. Erfreut wurde ich seit meinem Wohnen in Ebersdorf durch verschiedene Besuche von verheirateten und ledigen Damen, die einst in den Jahren 64 bis 77 Zöglinge von mir hier waren, da gab es viel zu erzählen. Zwei leibliche Schwestern unter ihnen bewiesen mir auch ihre dankbare Liebe durch wiederholte Zuweisung von beträchtlichen Gaben für die Heidenmission und die armen Aussätzigen. Eine von diesen Schwestern ging 1920 selig aus der Zeit. Nachdem ich nun die schwere, zu Herzen gehende Kriegszeit und Revolution erlebt habe, warte ich mühselig und beladen von viel Erden- und Sündenweh, auf ein vollkommenes, sündenloses Leben, in Gemeinschaft mit Gott, seinen heiligen Engeln und der Schar der mit Blut Erlösten. Vom Glauben zum Schauen hindurch, dazu verhelfe mir Jesu in Gnaden.

Nun will ich noch zur Ehre Gottes von vielen Gebetserhörungen nur zwei erzählen. Als ich einst als junge Lehrerin von einer Reise zurückkehrte, musste ich vom Gasthof „Zum kalten Frosch", wo ich die Post verlassen hatte, bis Ebersdorf allein wandern. Es fing an, dämmerig zu werden und mir wurde bang, zumal ich diesen Weg zum ersten Mal ging und er mir entsetzlich lang vorkam. Ich betete. Da überflutete plötzlich ein mildes Licht die Flur, und ich hörte eine sanfte Stimme, die mir zurief: „Fürchte dich nicht, ich bin mit dir!" Beglückt eilte ich weiter, kam bald an den Fürstlichen Park und an mein Ziel. - Mich verlangte in den Kriegsjahren, einmal sehr nach Zucker, da mein kranker Magen vieles nicht vertrug, und ich viel Reis essen musste. Ich klagte meine Not dem Heiland und war gespannt, wie er mir welchen verschaffen würde. Da, am folgenden Sonntag bekam ich einen unwiderstehlichen Drang, einmal wieder meinen Verwandten, es leben nur noch Enkelkinder von Mutters Bruder, nach Amerika zu schreiben. Ich tat es und erzählte von unseren Nöten und Lebensmittelmarken. Nach einigen Wochen erhielt ich einen lieben, eingeschriebenen Brief von Ihnen mit der Nachricht, dass zwei Pakete mit zehn Pfund Zucker und fünf Pfund Schokolade für mich abgesandt seien. Außerdem war dem Brief ein 5-Dollar-Schein beigelegt, wofür ich in Lobenstein 275 Mark erhielt. Die Pakete trafen zu meiner großen Freude unbeschädigt und bald ein. Dem Herrn sei Lob und Dank für alles!

Aus dem Traumleben, Ahnungen von künftigen Erlebnissen, will ich auch einiges berichten. Solche Träume stellten sich gewöhnlich früh, kurz vor dem Erwachen ein. In Christiansfeld sah ich mich, vor meiner Berufung nach Neudietendorf, auf einem Berg sitzen, umgeben von einer Schar junger Mädchen, wir sahen hinab in ein Tal, und über uns thronte eine schöne Burg. Mein erster, weiterer Ausflug mit den Pensionärinnen war die Wartburg, da, als wir von einer Anhöhe hinunter ins Tal schauten, erlebte ich das Traumbild in Wirklichkeit.

Vor meiner Amtsniederlegung träumte mir, ich trüge einen schweren Korb auf dem Rücken, mein Amt, er wurde mir abgenommen, dagegen erhielt ich einen leichteren Handkorb. - Noch ein letztes Traumbild: mir war, ich stünde an einem großen See und ich sollte mitten drauf. Ratlos stand ich davor, da bemerkte ich einen schmalen Fußpfad, auf dem eine Gestalt, im Nebel verhüllt, der Heiland, voran schritt, ich trat in seine Fußstapfen, und so umspülten die Wellen wohl meine Füße, sonst aber stand zu meinen beiden Seiten das Wasser gleich Mauern. Ich denke, der Traum soll mir sagen, wie mich der Herr auch durch die letzte Trübsal hindurch ans jenseitige Ufer, die ewige Heimat, bringen wird, wenn ich nur seinen Fußstapfen folge.

Ich schließe meine Lebenserinnerungen mit dem lieben Vers:

„Lasst uns ihm ein Halleluja singen, mächtiglich sind wir errett't! Lasst uns ihn uns selbst zum Opfer bringen, das ihm sei geheiliget! Blutige Arme, für die Sünder offen, nehmt uns auf, so wie wir's gläubig hoffen, weil sein Mund so freundlich spricht: Kommt nur, ich verstoß euch nicht.

21. Graf Albrecht von der Goltz 1846 - 1917

Lebenslauf des Grafen Albrecht von der Goltz, heimgegangen zu Ebersdorf am 16. Mai 1917.

Graf Albrecht von der Goltz wurde in Mainz am 7. Oktober 1846 als erstes Kind seinen Eltern geschenkt. Sein Vater, der im Jahr 1866 als Oberstleutnant und Kommandant von Küstrin starb, und seine Mutter Émilie, geborene von Kölichen, die 1907 in Czaycze heimging, ahnten nicht, als sie den ersten Sohn in Empfang nahmen, dass demselben in seinem Leben der freudige, aufsteigende Weg eines größeren, befriedigenden Mannesberufes versagt sein würde. Kränklichkeit von früher Jugend an wiesen je länger je mehr auf Entsagen hin und auf einen Weg der stillen, bescheidenen Zurückgezogenheit. Auch dies stellte Aufgaben und brachte Kämpfe, nicht der frohen, starken Aktivität, sondern der Selbstüberwindung, des allmählichen Stillewerdens, des endlichen Ruhens und Sichbescheiden in den Willen Gottes. Dem Sohn sollte gute Ausbildung auf Gymnasien und auf der Ritterakademie in Brandenburg geboten werden. Aber der Vater erlebte noch, dass die Lehrer, das treue Wollen des Schülers würdigend, raten mussten, den Sohn nicht zur Absolvierung des Abiturientenexamens zu drängen, da die Gesundheit den Anstrengungen nicht gewachsen sei. Des Vaters Lieblingswunsch für den ältesten, nicht kräftigen Sohn war gewesen, er möchte willig und tüchtig werden, in das geistliche Amt einzutreten. Gleich nach des Vaters Tode verließ der Sohn das Gymnasium und lebte später meist auf dem Lande, wo er in der Landwirtschaft und in der Buchführung mithalf, soviel er es vermochte. So war er auch einige Zeit in Berthelsdorf bei Herrnhut und gewann damals die erste Berührung mit der Brüdergemeine. Seine Aufgeschlossenheit für religiöses Leben und für das Wort Gottes ließen ihn später gern für zwei Jahre Gnadenfrei als Wohnsitz wählen. Die innige und doch schlichte und kräftige Frömmigkeit, wie sie in der Brüdergemeine ihre Ausprägung findet, zog ihn an. Als 59-jähriger, im Jahre 1905, ginge er auf die St. Chrischona bei Basel, um am Winter-Bibelkursus für Herren teilzunehmen. Er tat es mit ganzer Seele und so großer Freude, dass er im nächsten Winter wiederum nach St. Chrischona in die Schwarzwälder Berge zu gleichem Zwecke hinaufging. Der Tod seiner Mutter im Mai 1907 rief ihn erst von dort fort, und als es nun galt, nachdem das Mutterhaus, indem er gern und viel eingekehrt war, sich geschlossen hatte, eine neue Stätte des Wohnens zu finden, wählte er 1907 Ebersdorf. Er folgte dabei seiner ausgesprochenen Vorliebe für die Brüdergemeine. Der Entschluss erwies sich als das rechte für ihn. Er fühlte sich nicht nur in dem freundlich gelegenen Ort mit seinem traulichen, vertrauensvollen Zusammenleben bald heimisch, er fand hier auch treue, fürsorgende Pflege im Hause der Mutter Enkelmann, für die wir Geschwister herzlich dankbar sind und bleiben. Hier erreichte er das biblische Alter von 70 Jahren und wurde am 16. Mai, dem Todestage seiner Mutter, durch einen sanften Tod von Gott abgerufen. Gottes Güte erspare dem, der ohne eigenes Familienleben mehr oder weniger einsam im Leben stand, ein längeres Angewiesensein auf direkte Pflege. Gottes Freundlichkeit fügte es aber auch so, dass seine jüngste Schwester den letzten Tag neben ihm sein durfte. „Du kannst durch des Todes Türen träumend führen und machst uns auf einmal frei!", diese Erfahrung durfte mit Lob und Dank gegen Gott auch bei seinem Ende gemacht werden. Der äußere Lebensgang des Heimgegangenen war mit wenigen Strichen zu zeichnen. Über die Geschichte der Seele, die innere Seite dieses verborgen verlaufenen Lebens, ließe sich mehr sagen. Ganz gewiss nicht zu seinem Lob, das würde durchaus ihm widersprechen, der des Öfteren im Blick auf sein Ende die Verse anwendete: „Christi Blut und Gerechtigkeit, das ist mein Schmuck und Ehrenkleid. Damit will ich vor Gott bestehen, wenn ich in Himmel werd eingehn." und „So will ich, wenn ich zu ihm komm, nicht denken mehr an gut und fromm, sondern da kommt ein Sünder her, der gern fürs Lösgeld selig wär". Nicht zum Lobe seiner, zum Lobe des Herrn, der auch an dieser Seele spürbar am

Werke war. Wer mit liebendem Aufmerken von Jahr zu Jahr ihn beobachtete, der spürte das stille Wirken und Arbeiten des Geistes von oben, der dankte dem Herrn und Meister, der auch hier unter Leiden umprägte und einprägte. Die Gebrechlichkeit der kleinen Gestalt, die unter den starken Verschiebungen des Körpers je länger je mehr schwer litt, wurde immer klagloser getragen. Was ihm in der Jugend zu einer gewissen Bitterkeit Anlass geben konnte, das wurde ihm nun Anlass, allen Schwachen und Gebrechlichen mit verständnisvoller Teilnahme zu begegnen, wie er auch dem Wirken seiner ältesten Schwester als Diakonissen-Oberin einer Krüppel-Anstalt mit besonderem Interesse folgte. Erstaunlich beherrschte er die Schwäche seines armen, kleinen Körpers bis in die Sterbestunde hinein und konnte dadurch darüber täuschen, wie es wirklich um ihn stand. Nun hatte er alle Schwachheit um und ablegen dürfen und ist frei geworden. Die Gefahr dauernd Kranker pflegt zu sein, dass die Sorge um die eigene Not und Person so in den Vordergrund tritt, dass Liebe und Verstehen für andere etwas zurückgedrängt wird. Auch dies darf als ein Sieg, den der Herr geben kann, gerühmt werden, dass unser teurer Bruder, je älter er wurde, je liebevoller, freundlicher und milder wurde. Nicht nur allen lieben Kindern, die ihm irgend nahe kamen, auch dem Werdegang der heranreifenden Jugend wie den Armen und allen Arbeitenden brachte er besonderes Verständnis entgegen. Er war ein treuer Freund und Ratgeber, bis in die letzte schwache Zeit hinein zu Mithilfe und gefälliger Freundlichkeit herzlich gern bereit. Mit seinen Geschwistern teilte er innigst Leid und Freud. Als er einige Stunden vor seinem Tode von seiner Schwester hörte, dass der einzige Brudersohn sich aus dem Dragoner-Regiment freiwillig in die schweren Kämpfe an der Westfront, Heeresgruppe deutscher Kronprinz, gemeldet habe und dorthin abgegangen sei, nahm er diese Nachricht schweigend hin. Kurz vor seinem Ende aber fuhr er aus einem Halbschlummer mit den Worten auf: „Ich habe geträumt und gehört – gehört" und wies dann mit starker Armbewegung hinaus. Auf die Frage der Schwester nach dem

Was meinte er: „Trommelfeuer" und sprach sodann mit Anerkennung von dem Entschluss des jungen Neffen, mit verständnisvollster Liebe von dem Bruder. Wenn nach dem Friedensschluss Gott den kämpfenden unserer engsten Familie, dem Bruder in der Front im Osten, wie dessen Sohn in den furchtbaren Kämpfen im Westen und dem Schwiegersohn im Schützengraben im Osten eine glückliche Heimkehr schenkt, ach wie sehr wird uns dann im Familienkreise die teure, kleine Gestalt unseres ältesten, heimgegangenen Bruders fehlen, der mit echt patriotischem, deutschen Fühlen an dem Großen der Gegenwart teilnahm.

Bei dem letzten kurzen Zusammensein mit der Schwester nahm er ein Büchlein zur Hand, das von dem verborgenen Leben mit Christo in Gott handelt. Er wies auf ein Wort in demselben hin, das so lautet: „Je ernster du es mit deinem Glauben nimmst, je freundlicher wirst du in deiner Liebe sein. Dürfen wir diese Schlussfolgerung einmal umkehren, so werden wir von seiner immer freundlicher werdenden Liebe auf immer ernster werdendes Glaubenslebens schließen dürfen. Wohl schätzte er in demselben eine zarte Zurückhaltung, wurde aber in seiner Nähe ein unehrerbietiges Wort gegen Gott und unseren Herrn und Heiland laut, dann bekannte er, wo immer er war, sei es in der Bahn, im Lokal oder sonst wo, freimütig seinen Glauben und gab Gott die Ehre. Möchte Gottes Gnade, die es dem Demütigen und Aufrichtigen gelingen lässt, es ihm geschenkt haben, dass er durch solch Zeugnis des Glaubens, der in ihm war, jemandem als Wegweiser zu unserem Herrn und Meister dienen durfte! Wie glücklich würde ihn dies jetzt machen! Aber das wissen wir, dass unser hochgelobter Herr auch über ihn seine Verheißung einlösen wird, „wer mich bekennt vor den Menschen, den will ich auch bekennen vor meinem himmlischen Vater", denn „was er zusagt, das hält er gewiss".

Seine Gebrechlichkeit wie der dadurch bedingte Mangel an einem befriedigenden Beruf führte unseren Bruder in Zurückgezogenheit und ein nicht geringes Sichbescheiden.

Wiederum führte dies in der Jugend in innere Kämpfe. Aber auch hierin war das Einwirken des in das Leben eingetretenen Friedefürsten spürbar. Immer klarer und friedevoller wurde es in ihm, immer häufiger hörte man ihn sagen, man solle nicht unter sich, sondern über sich sehen. Immer vollkommener und oft beweglich war es, wie er nun nur zu danken und zu loben hatte. Der Apostel Paulus sagt: „Ich bin desselbigen in guter Zuversicht, dass, der in euch angefangen hat das gute Werk, der wird es auch vollführen bis an den Tag Jesu Christi". Ein köstliches Wort der Gewissheit, dass wir uns über unseren geliebten Bruder voll und ganz zu Eigen machen dürfen. Wo Gott am Werk war, so stetig und spürbar, da wird er sein Werk auch vollführen bis an den Tag Jesu Christi. Des sind wir in guter Zuversicht, und deshalb schauen wir unserem sehr geliebten Bruder, den der Herr so sanft hinüber nahm in die obere Heimat, in trauernder Liebe, aber mit Dank gegen Gott nach.

Die Zeit seiner irdischen Wallfahrt währte 70 Jahre, 7 Monate und 10 Tage.

Geschrieben von seiner jüngsten Schwester,
Gräfin Emmy von der Goltz

22. Paul Gemming 1864 – 1946

Lebenslauf des verheirateten Bruders Paul Gemming, gestorben am 28. Oktober 1946 in Ebersdorf/Thüringen

Mein Geburtsort ist die kleine Gemeinde Gnadenfeld in Oberschlesien. Als ich dort am 7. Mai 1864 als fünftes Kind meiner Eltern das Licht der Welt erblickte, war es für meine liebe Mutter eine gemischte Freude, denn sie stand nach nur viereinhalb-jähriger Ehe bereits allein. Reichlich ein halbes Jahr vor meiner Geburt war ihr der Gatte nach Gottes unerforschlichem Ratschluss durch einen Unglücksfall ganz plötzlich von der Seite gerissen worden. Nun hatte sie für die fünf unmündige Kinder zu sorgen, ein Geschäft zu verwalten und die Feld und Viehwirtschaft weiter zu betreiben. In dem Kaufmann Bruder August Riedel hatte sie einen klugen und hilfsbereiten Vormund zur Seite. So ging es mit Gottes Hilfe, trotz mancher Krankheitsnot, die sie durchzumachen hatte. Die Landwirtschaft wurde eingeschränkt, die Pferde verkauft. Für die Siederei wurde ein Geschäftsführer, für den Laden eine Verkäuferin angestellt, beides, Bruder Hermann Schäfer und Minna Krüger, treue Leute, die bis zur Geschäftsübernahme des ältesten Sohnes ihre Stelle behielten. Die Erziehung der vier Kinder - mein ältester Bruder war schon im frühen Kindesalter gestorben - war keine leichte Aufgabe. Jedenfalls besinne ich mich, dass wir unserer guten frommen Mutter durch Ungehorsam und Zank oft Kummer bereiteten. Die strenge Zucht des Vaters fehlte. Aber das Leben im eigenen Haus, Hof und Garten mit Stall und Scheune war für Kinder reizvoll genug.
Der erste Schreib- und Lese-Unterricht wurde damals noch von einer Schwester erteilt. Sie war die Tochter eines Handschuhmachers Bruder Schneider. Die große Schule war mit einem Theologen - Bruder Fliegel, Ch. Küster - besetzt. Der Prediger, Bruder Achtnich, erteilte den Katechismus-Unterricht, der Brüderpfleger Bruder J. Bauer Französisch und biblische

Geschichte, alle übrigen Fächer der Lehrer. Da ich die Schulanforderungen leicht erfüllte, schlug der Prediger meiner Mutter vor, mich für den Gemeindienst anzumelden. Da das für sie eine große Ehre war, ging sie darauf ein und mein Lebensgang war bestimmt. Bruder Küster bereitete mich zwei Jahre lang für Niesky vor. Wenn mich der Anfang des Lateinischen auch manchmal Tränen gekostet hat, so war doch der Erfolg befriedigend, und ich wurde, als ich zur Michaelis 1876 nach Niesky übersiedelte, glatt in Quarta aufgenommen. Auch sonst brachte das Schulleben manche harmlose Freude mit sich. Besonders eindrücklich sind mir die Ausflüge, an denen sich gewöhnlich einige Studenten beteiligten. Ein beliebtes Ziel war der Kasimirer Wald, wo wir mit dem Förster im schwanken Nachen den Wasserhühnern nachspürten. Hierbei erlebte ich die erste Lebensbewahrung. Wir pflegten uns im Brauteich das Schwimmen beizubringen und begannen meist mit dem Rückenschwimmen. Das hatte ich auch gelernt und versuchte meine Künste in der freien Oder, kam aber in das tiefere Wasser, das mir beim Suchen des Bodens über dem Kopf zusammenschlug. Meine Hilferufe hörten die Kameraden nicht oder nahmen sie nicht für ernst. Ich musste also sehen, mich selbst zu retten, und es glückte mir durch Paddeln wieder das seichte Wasser zu erreichen.

Nachdem der schwere Abschied von Mutter, die mich Anfang Oktober 1876 nach Niesky gebracht hatte, glücklich überstanden war, gewöhnte ich mich rasch in den Kameradenkreis und das Anstaltsleben ein. In der Aufsicht wechselten Bruder Jacky und Kreiselmeier ab, Mitdirektor war Bruder Alfred Schmitt. Mit dem Direktor Bruder Görlitz sind wir selten zusammen gekommen. Nach dem Brüderfest siedelten wir ins Pädagogium über. Ich war ein strebsamer Schüler und durchlief alle Klassen ohne Schwierigkeit, allerdings ohne tiefer in den Geist des Altertums einzudringen.

Die Konfirmation durch Bischof Wunderling mit dem Einsegnungsspruch: „Kämpfe den guten Kampf des Glaubens!" machte nur einen vorübergehenden Eindruck auf mich, im Allgemeinen hielt ich an meinem Kinderglauben fest, ohne größere Zweifelskämpfe zu bestehen.

Der Abschied Ende August 1883, nachdem wir vorher ins Brüderchor aufgenommen waren, fand feierlich an der Abzweigung der Görlitzer von der Jänkendorfer Straße statt. Das ganze Pädagogium zog bis dahin in der Morgenfrühe mit hinaus, und nachdem jeder von uns noch einen Kuss des Direktors erhalten, bestiegen wir den wartenden Landauer, der uns zum Zug nach Gnadenfeld brachte.

Die drei Gnadenfelder Jahre, die mich in die alte Heimat zurückführten, mit ihren studentischen Freiheiten, Mühen und Freuden habe ich sehr genossen. Ich nahm zwar die Mahlzeiten zu Hause bei meiner Mutter ein, verbrachte aber die übrige Zeit im Seminar. Von den Dozenten hat Bruder Marx, der damals den Namenswechsel in Dallmann vollzog, mit seiner Geschichte Israels den nachhaltigsten Einfluss auf mich ausgeübt, und Bruder Bernhard Becker imponierte mit seiner Brüder- und Kirchengeschichte, die auf gründlichen Studien beruhte. Da ich untauglich zum Heeresdienst erfunden wurde, konnte ich gleich in den Gemeindienst eintreten und kam im September 1886 wieder nach Niesky.

Ich verbrachte meine Lehrerzeit ganz in Niesky, fünfeinhalb Jahre, und denke gern daran zurück. Die Lehrerschaft gliederte sich in drei Gruppen: Theologen, Seminaristen und Missionsschüler, die auf getrennten Zimmern gruppenweise zusammenwohnten und alle auf dem Schlafsaal schliefen.

Das Vorrecht eines eigenen Zimmers hatte damals nur der Mitdirektor, erst Dr. Paul Buck, dann Bruder Eduard Burkhardt. Da es in der Gemeine an jungen Theologen mangelte, machte man den Versuch, landeskirchliche Kandidaten aus Sachsen heranzuziehen. Der Versuch glückte. Es waren zum Teil wissenschaftlich oder musikalisch bedeutende Männer, mit denen wir dadurch in geistige Berührung kamen.

Nach 5 Jahren kam die Zeit der Entscheidung heran, ob ich mich dem geistlichen oder dem Schuldienst widmen wolle. Ich hatte nur einige schüchterne Predigtversuche gemacht und entschied mich rasch für den Schuldienst, da mir das Unterrichten stets Freude gemacht hatte. Für Ostern 1892 wurde ich als Mitdirektor an die Neuwieder Knaben-Anstalt berufen.

Der Abschied von Niesky, das meine zweite Heimat geworden, fiel mir recht schwer. Aber die Aussicht, einmal ganz neue Verhältnisse und eine der schönsten Gegenden unseres Vaterlandes kennenzulernen, hatte etwas Verlockendes. Und so siedelte ich in Gottes Namen, mit einem kurzen Abstecher auf die Wartburg, bald nach Ostern von Niesky nach Neuwied über. Während dieser Zeit als Mitdirektor wurde mir gleich im ersten Sommer Gelegenheit gegeben, meine mühsam erworbenen Sprachkenntnisse in 6 Wochen in England zu vervollkommnen. Der alte Missionar Ward, Vater des Missionsdirektors Arthur Ward, und seine liebe Frau in Bedford haben mich freundlichst aufgenommen. Zugleich durfte ich so einen Ausschnitt englischen Brüdergemeine-Lebens kennenlernen. Ich bin später noch ein- oder zweimal in London gewesen, um neue Schüler abzuholen. Mit der Neuwieder Gemeine kam ich durch Verkehr in einigen Familien in Berührung. Auch durfte ich als Schriftführer den Sitzungen des Aufseher Kollegiums beiwohnen.

Da trat völlig unerwartet Anfang 1895 der Ruf an mich heran, als Lehrer an dem Gnadauer Lehrerinnenseminar einzutreten. Zwei erschwerende Bedingungen waren damit verbunden: ich musste bis zum Eintritt im August die Rektorats-Prüfung abgelegt und mich nicht nur verlobt, sondern auch verheiratet haben. Im Aufblick zu Gott und im Vertrauen auf seine Durchhilfe nahm ich den Ruf an. Am 2. Juni 1895 bestand ich die Prüfung in Koblenz. Und auch die zweite Angelegenheit konnte glatt gelöst werden, da mir Gott in seiner Güte in Schwester Adelheid Müller eine Lebensgefährtin zuführte, die durch ihren kindlichen Frohsinn, ihre musikalische und künstlerische Begabung, ihren ausgeprägten Ordnungssinn und wirtschaftliche Tüchtigkeit mich ständig erfreute und bis auf den heutigen Tag auf das liebevollste umsorgt hat.

In der Familie meiner Braut fühlte ich mich bald heimisch, da ihr leider vor Jahresfrist heimgegangener Vater mein Rektor, sein ältester Sohn im Pädagogium mein Lehrer und Freund, ein jüngerer Sohn mein Kollege im Neuwied gewesen war. Am 23. Juni 1895 wurden wir im Herrnhuter Kirchensaal von dem ältesten Bruder meiner Braut, Dr. Josef Müller, getraut und erhielten als Leitwort für unseren gemeinsamen Lebensgang die Mahnung des Paulus: „Einer trage des anderen Last!" Als Hochzeitsreise machten wir eine Wanderung durchs Riesengebirge und fuhren am 31. Juli von Herrnhut nach Gnadau, wo wir vom Direktor des Seminars Bruder Wick abgeholt wurden.

Während meiner Gnadauer Zeit durften wir die Feier zur Grundsteinlegung des neuen Seminars erleben. Inzwischen waren uns unsere zwei ersten Jungen Günther und Hartmut geschenkt worden, die ich selber taufen durfte und die zu unserer Freude heranwuchsen. Viel früher als wir gedacht, erreichte uns ein Abruf aus unserer Lehrertätigkeit, indem uns in den Sommerferien 1899, die wir in Arendsee an der Ostsee verbrachten, der Direktorposten der Mädchen-Anstalt und Schule in Niesky angeboten wurde. Nach längeren Verhandlungen nahmen wir von Gnadau und dem Seminar wehmütigen Abschied und zogen Anfang Oktober 1899 in Niesky ein.

Die Nieskyer Mädchenschulen nahm insofern eine Sonderstellung ein, als sie bei der Auseinandersetzung zwischen Unität und Einzelgemeine Eigentum der letzteren geblieben war. Der Besuch der Anstalt war in den letzten Jahren so zurückgegangen, dass sie mit Verlust arbeitete. Auch der Neubau eines Klassen-Hauses hatte keinen Umschwung gebracht. So wurde ich beauftragt, die Frage über den Fortbestand der Anstalt zur Entscheidung zu bringen. Keine angenehme Aufgabe! Der erste Schritt, den wir zur Erhaltung der Anstalt taten, war die Verlegung unserer Amtswohnung aus dem Predigerhaus in die Anstalt. Zur weiteren Vervollständigung der Schule wurde eine Turnhalle erbaut und 1901 eingeweiht. Die Einweihungsfeier erreichte insofern ihren Zweck, als sich die auswärtigen Besucher davon überzeugen konnten, dass wir nicht an Aufhebung der Anstalt dachten, welches Gerücht sich schon verbreitet hatte, sondern tatkräftig weiterarbeiten wollten. Die Zukunft der Anstalt schien gesichert und tatsächlich stieg mit Gottes Hilfe der Besuch von Jahr zu Jahr. In dieser Zeit war auch unser Familienkreis gewachsen. Zu den beiden Buben, die wir aus Gnadau mitgebracht hatten, kam bald ein dritter (Irmfrid), dann zu unserer großen Freude ein Töchterchen (Ingeburg) und endlich noch ein vierter Junge (Wolfram). Da die Jungen alle das Pädagogium besuchten, konnten wir sie zu Hause behalten bis zur Ablegung der Einjährigen-Prüfung. Schwer waren die Kriegs- und Inflationsjahre, die das Bestehen der Anstalt beinahe in Frage stellten. Unsere beiden Ältesten wurden zum Heeresdienst eingezogen, blieben aber bewahrt und kehrten fast unversehrt zu uns zurück. Kurz ehe wir die Altersgrenze erreicht hatten, erlebten wir die große Freude, dass unser zweiter Sohn sich mit der Tochter unseres Nachbarn W. Keller, Elisabeth, verheiratete und die Hochzeitsfeier in der Anstalt begehen konnte.

Nachdem wir in der Stille Anfang Oktober 1924 unser 25-jähriges Direktor-Jubiläum gefeiert hatten, traten wir nach 30-jähriger Tätigkeit Ende September 1929 in den Ruhestand. Da sich in Niesky keine Wohnung für uns fand, nahmen wir das Angebot der Ebersdorfer Gemeine an, die Wohnung von Geschwister Holdt dort zu beziehen, obwohl wir dadurch von unseren Kindern im

Osten weit getrennt wurden. Denn auch unser Jüngster fand dort eine Stellung und verlobte sich mit der einzigen Tochter des Herrn Oberförster Bäcker in Reußendorf im Riesengebirge. Am Sonntag, den 6. Oktober verließen wir Niesky, verlebten den Tag bei unseren Geschwistern in Guben und zogen am Vormittag des 7. Oktober 1929 zu Fuß in Ebersdorf ein. Der Oktober hatte sehr gute Witterung, so dass uns das Eingewöhnen leicht fiel, zumal wir beide auch in der schönen Umgebung durch Radfahren bald bekannt wurden. Hier fanden wir den 80-jährigen Bruder Fliegel vor, meinen ersten Lehrer in Gnadenfeld. Mit ihm und seiner Gattin standen wir bald in regem Verkehr, dem sich später Geschwister S. Griesbach zugesellten. Er war mein Kollege in Niesky gewesen. Das Pensionat des Schwesternhauses blühte noch unter Schwester Gertrud Römer, die früher viele Jahre Lehrerin in Niesky war. Leider konnte das Töchterheim, trotz Bruder Burckhardts und meiner Hilfe, sich nicht länger halten.-

Zu unserer großen Freude fand unsere Tochter hier ihren Lebensgefährten Bruder Ernst Enkelmann, und ich konnte das junge Paar in hiesiger Kirche trauen. Auch unser dritter Sohn schloss seinen Ehebund mit Regina Fiebelkorn aus Deutsch-Eylau und fand später eine Anstellung am Finanzamt in Schleiz. So hatten wir drei unserer Kinder in nächster Nähe, während Hartmut mit Familie immer weiter in den Osten versetzt wurde. Zu Beginn des Krieges wurden unsere Söhne Günther und Wolfram gleich eingezogen. Während ersterer nach glücklich beendetem Feldzug in Polen, Holland, Belgien und Frankreich eine Zeit lang wieder entlassen wurde, musste letzterer auch den Einmarsch in Russland mitmachen. Wir sahen ihn nur in zwei Urlaubszeiten wieder und erlebten den großen Schmerz, ihn als erstes Kriegsopfer am 30 Juli 1943 bei Orel zu verlieren. Auch unsere beiden Söhne Günther und Irmfrid mussten wir für das Vaterland opfern.

Ergänzungen seiner Gattin:

Wenn zu dem Kummer um unsere drei gefallenen Söhne sich nun auch noch das Leid um unsere heimatlos gewordenen und ausgeplünderten Kinder gesellte, so waren wir doch froh, sie in unserer geräumigen Wohnung aufnehmen zu können, und eine Freude war es, die Enkelchen aufwachsen zu sehen. Mit dankerfülltem Herzen gegen Gottes Güte durften wir am 23. Juli 1945 unsere Goldene Hochzeit feiern, verschönt durch die Liebe unserer Kinder und Enkelkinder. Für all die freundliche Anteilnahme und liebevolles Gedenken in der Gemeine danken wir noch heute.

Mein Mann erfreute sich zeitlebens einer guten Gesundheit und konnte sogar im 75. Lebensjahr eine Blinddarmoperation ohne irgendwelche besonderen Nöte überstehen. Im Dezember vorigen Jahres musste er wegen geschwollener Füße den Arzt zu Rate ziehen, der eine Herzerkrankung feststellte. Mit Gottes Hilfe wurde er nach Gebrauch der ärztlich verordneten Mittel wieder soweit hergestellt, dass er seine geliebte Gartenarbeit wieder aufnahm und auch sonst am öffentlichen Leben regen Anteil nahm. Im Mai verlor er seinen besten Freund, was ihm viel zu schaffen machte, ebenso wieder der Heimgang seines Schwagers, der in sehr beschäftigte und auf sein eigenes Ende vorbereitete. Er vertiefte sich immer mehr in die Bibel und seine theologischen Schriften und erquickt die sich an unseren schönen Gesangbuchsversen, die er sich oft vorsagte und die ihm noch in mancher schlaflose Stunde beschäftigten. In der letzten Woche zog er sich einer Erkältung zu, deren Folgen das geschwächte Herz nicht mehr überwinden konnte. So trat am Montag ein rascher Kräfteverfall ein, der ihn am Abend sanft einschlafen ließ.

Wir blicken mit Dank gegen Gott auf sein reiches Leben zurück und schließen mit einem seiner Lieblingsverse:

Wie groß ist des Allmächtigen Güte!

Ist der ein Mensch, den sie nicht rührt,

der mit verhärtetem Gemüte

den Dank erstickt, der ihm gebührt?

Nein, seine Liebe zu ermessen,

sei ewig meine größte Pflicht.

Der Herr hat mein noch nie vergessen,

vergiss, mein Herz, auch seiner nicht.

23. Margarete Seuss 1869 - 1928

Im Auftrag meiner Pflegerin will ich nun auch ein paar Worte von meinem zurückgelegten Leben niederschreiben.

Ich, Margarete Seuss, bin geboren am 16. September 1869 zu Volkmannsgrün in Bayern. Wir waren vier Geschwister. Meine Eltern waren arme Leute. Meine Mutter ist schon bald gestorben, als ich erst acht Jahre alt war.

Da mein Vater Handweber und sein Verdienst sehr gering war, mussten meine drei Geschwister schon bald zu den Bauern gehen, um sich ihr Brot selbst zu verdienen. Ich führte mit meinem Vater den kleinen Haushalt weiter, so gut ich konnte. Da es mit der Arbeit immer schlechter wurde, traf auch mich das Los, schon mit meinem elften Lebensjahr zu den Bauern zu ziehen. Meine Arbeit war Schafe hüten. Das war nichts Schönes, die sind immer so schnell gelaufen, dass ich nicht nachkommen konnte. Den Schäferhund musste ich selber machen.

Ich wurde auch bei den Leuten konfirmiert, aber bekümmert hat sich um mich niemand. Da besuchte mich mein Bruder einmal, dem doch auch mein Seelenheil am Herzen lag und fragte mich, ob ich denn auch Zeit zum Beten hätte. Ich sagte „nein, vom Beten höre ich bei diesen Leuten nichts." Da sagte er, bete nur wenigstens die drei Worte "Herr, hilf mir".

Da nahm mich mein Bruder sonntags nachmittags manchmal mit in die Diaspora- Versammlung. Das machte einen großen Eindruck auf mich. Als ich nach Hause kam und gerade ein paar Augenblicke im Stall allein war, kniete ich nieder und bat meinen Heiland recht von ganzem Herzen, er möchte doch auch mich zu seinem Eigentum aufnehmen. Er ist ja auch für mich am Kreuz gestorben, hat seine beiden Arme für mich ausgestreckt und dass ich ihm zu Ehren leben und ihm keine Schande machen möchte. Von da an erwachte ein anderes Leben in mir. Mein Lieblingsvers war immer der: "Ach mein Herr Jesu, wenn ich dich nicht hätte und wenn dein Blut nicht für mich Sünder redete, wo sollte ich Ärmster unter den Elenden mich sonst hinwenden ".

Am 13. August ging ich einmal mit nach Ebersdorf. Da waren Geschwister Zoberbier noch Diaspora-Geschwister. Das habe ich nie vergessen, was mich da für ein Geist umwehte. Da war es gleich mein Wunsch, auch einmal dorthin zu kommen. Schon nach 14 Tagen bekam ich einen Brief von der Vorsteherin des Schwesternhauses, dass es einen Platz für mich in der Wäsche gebe. Schon im September 1891 kam ich nach Ebersdorf und wurde 1894 in die Gemeinde aufgenommen.

Indessen hatte es Gott so gefügt, dass auch mein Bruder hierher ziehen konnte, was ihm eine große Freude war. Da ich in der Bauernarbeit Bescheid wusste, übernahm ich dann den Stall, denn ich war ein großer Tierfreund. Ich erlebte viel Freude, aber das Schwere blieb mir auch nicht erspart. Als ich dann einige 20 Jahre im Stall tätig war, stellte sich ein Herzleiden bei mir ein, sodass es mir nicht möglich war weiterzuarbeiten. Dem Herrn sei Lob und Dank für seine gnädige Führung.

Es wurde unserer lieben Schwester Seuss sehr schwer, im Mai 1924 ihre Stallarbeit aufzugeben, hatte sie doch bis dahin jeden Urlaub gekürzt und sich nie länger als 3Tage von ihren Tieren getrennt, die sie mit seltener Treue gepflegt hat. Doch die Kräfte hatten so plötzlich nachgelassen, dass keine Wahl mehr blieb. Von einer schweren Lungenentzündung genas sie wieder und freute sich, allmählich wieder kräftiger zu werden und etwas helfen zu dürfen, wo sie nötig war. In Küche, Bäckerei und Krankenstube wirkte sie noch fleißig, umsichtig und still. Als Schwester Schumann durch Schwester Richters Tod ihre Bedienung verlor, versuchte Schwester Seuss, diese Lücke auszufüllen, doch nahmen Schmerzen und Schwäche allmählich zu. Im November 1927 erkrankte sie ernstlich an den Folgen großer Herzschwäche. In ihrer Bescheidenheit sah sie in jeder Freundlichkeit des Arztes einen besonderen Grund zum Danken und rührend dankbar war sie für jede Dienstleistung. Weihnachten feierte sie in der Krankenstube in der Hoffnung auf

Genesung, doch hielt die Besserung nicht lange an. Am 14. Januar erwies sich eine Überführung ins Krankenhaus notwendig. Auch hier erkannte Schwester Seuss die gründliche, liebevolle Behandlung und Pflege dankbar an. Am letzten Freitag nahm sie noch vom Krankenzimmer aus lebhaften Anteil an Schwester Hankes Beerdigung. Sie sang alle Verse, die geblasen wurden, mit und fragte sinnend, wer wohl die nächste sein würde.

In der Nacht änderte sich der Zustand plötzlich. Es setzten heftige Schmerzen ein und die Kranke wurde in ein Einzelzimmer gebracht. Das Beruhigungsmittel wirkte, sie schlief. Am Vormittag wurde sie noch einmal ganz wach, erklärte dankbar, sie hätte keine Schmerzen und sagte dann, sie wäre bereit und es wäre so schön dass der Heiland sie holen wolle. Dann betete sie innig: „Lass du nur meine Seele nie aus deinen starken Armen und tue nichts anderes spät und früh als meiner dich erbarmen und ach wie schön ist der Engel Lobgetön. Hätte ich Flügel, flöge ich über Tal und Hügel heute noch zu Zions Höhn."

Darauf schlief sie wieder ein und kam nicht mehr zu vollem Bewusstsein. Ihr Gebet wurde erhört. Schlafend hauchte sie gegen halb 5 Uhr nachmittags ihr Leben aus.

24. Stefan Stammberger 1872 - 1935

Unser lieber Vater entstammt einem alten Bauerngeschlecht in
Schney/Oberfranken. Er wurde am 19. September 1872 geboren
und wuchs in einer kinderreichen Familie auf.
Schon in frühster Jugend lernte er den Ernst des Lebens kennen,
da er als Kind auf Feld und Wiese mitarbeiten musste und so das
Kommen und Gehen in der Natur beobachtete. Von seinen Eltern
zur Sparsamkeit angehalten, lernte er bald seine persönlichen
Ausgaben allein zu bestreiten. So verdiente er sich seine Bücher
und sonstigen Gebrauchsgegenstände für die Schule durch
Bälgetreten und Glockenläuten.
In der Schule galt er als ein eifriger Schüler und war stets
bestrebt, seinen Wissensdrang zu erweitern und zu vertiefen. Er
besuchte schon damals freiwillig die sonntägliche
Fortbildungsschule und hat oft und gern von diesem Unterricht
erzählt.
Leider wurde sein Wunsch Lehrer zu werden nicht erfüllt, da ihn
sein Vater zum Hoferben bestimmt hatte. So erlernte er im
Schney das Fleischer- und Brauer-Handwerk. Das erlernte
Gewerbe lieb gewonnen, verzichtete er auf den Bauernhof und
begab sich nach abgeschlossener Lehrzeit auf die Wanderschaft.
Die schönsten Orte seiner deutschen Heimat besuchte er und
erweiterte dadurch sein Wissen. Tief in die Erinnerung haben
sich diese Wanderjahre geschrieben und oft erzählte er uns, mit
wie wenig Geld man das schöne Vaterland durchwandern kann.

Auf seiner Wanderschaft auch Erfurt berührend, fand er dort
eine Stellung bei dem damaligen Obermeister der
Fleischerinnung, der unserem Vater viel von seinen
Lebenserfahrungen mit auf seinen ferneren Lebensweg gab. Die
von zu Haus anerzogene Sparsamkeit kam ihm hier besonders zu
nutzen. Von seinem Lohn legte er noch Ersparnisse zurück, um
sich in kürzester Zeit selbstständig zu machen. Schneller als er
geahnt, ging sein Wunsch in Erfüllung. Die Brüdergemein-
Fleischerei in Neudietendorf sollte verpachtet werden und Vater

bewarb sich darum als Pächter. Am 1. Oktober 1897 konnte er als selbständiger Fleischermeister nach Neudietendorf übersiedeln und lernte dort seine liebe Frau kennen. Am 13. Juni 1898 wurde er in Neudietendorf getraut und trat am 13. November desselben Jahres zur Gemeine über. Schon damals schätzte er die Gemeine hoch und stellte sich vollkommen in ihren Dienst, so z.b. gehörte er dem Bläserchor lange Jahre an und war jederzeit bereit, der Gemeine zu dienen, wo er nur konnte.

1909 übernahm er als Verwalter den Gasthof der Brüdergemeine zu Neudietendorf und leitete ihn im Sinne der Brüdergemeine. Am 1. Februar 1915 erwarb Vater den hiesigen Brüdergasthof und siedelte nach Ebersdorf über. Vom 1. Juni 1915 bis zum 22. Dezember 1918 verteidigte er im Weltkrieg sein Vaterland an der Ost- und Westfront.

Nach Hause zurückgekehrt, widmete er nun seine ganze Kraft seinem Geschäft. Mit starker Willenskraft und unermüdlicher Energie baute er Stein auf Stein.

Ende des Jahres 1923 wählte ihn die Gemeine zum Kirchenrechner. Gern übernahm er dieses Amt und stellte seine ganze Kraft, sowie sein Können der Gemeine zur Verfügung.

Durch die Heirat seines Sohnes zog er sich ab 1. April 1933 vom Geschäftsleben zurück. Mit seiner lieben Frau durfte er sich nach einem arbeitsreichen Leben noch zwei ruhigere Jahre gönnen. Durch die Geburt seines Enkels wurde ihm eine große Freude beschieden. Dieser brachte in sein Leben manchen Sonnenschein.

Trotz seiner im Juni dieses Jahres beginnenden Krankheit versah unser Vater in treuer Pflichterfüllung weiter sein Amt, bis er am 24. August an das Krankenlager gefesselt wurde. Ein bösartiges Magenleiden hatte sich eingestellt, sodass eine Überführung in das hiesige Krankenhaus notwendig war. Treue Pflege der

Schwestern und die Fürsorge des Arztes erleichterten unserem Vater das Krankenlager. Viel zu früh für uns, aber für ihn doch als Erlösung, schloss er seine Augen für immer in den Vormittagsstunden des 12. September 1935.

25. Christoph Dietrich von Bose 1875 - 1951

Lebenslauf des Bruders Christoph Dietrich von Bose
Am 4. März 1875 wurde ich in Beuche bei Borna als das älteste Kind meiner in Gott ruhenden, frommen Eltern geboren. Mein Vater war Landwirt und bewirtschaftete das von ihm gepachtete Gut Beuche. Ich war ein schwächliches Kind, und durch Abimpfung von einem anderen Kind skrupulös geworden. Unter allen Kinderkrankheiten hatte ich schwer zu leiden. Bald stellte sich auch Schwerhörigkeit ein, die meine Schulzeit sehr beeinträchtigte. Ich hatte noch fünf Geschwister, drei Schwestern und zwei Brüder, mit denen ich, trotz wirtschaftlicher Sorgen meiner Eltern, eine schöne Kindheit verlebte, bis ich, nach vorbereitenden Volksschuljahren nach Borna ins Realgymnasium kam. Als mein Vater 1887 seinen Beruf als Landwirt aufgab um Beamter zu werden, und meine Eltern nach Merseburg zogen, kam ich in das dortige Domgymnasium, wo ich am 30.03.1890 konfirmiert wurde. Mit Obersekundarreife verließ ich das Gymnasium und trat, nach einjährigem Kursus in einer Handelslehranstalt in Leipzig, als kaufmännischer Lehrling in die Firma Sachse & Co, Fabrik ätherische Öle und Essenzen in Leipzig ein, mit deren jungem Chef wir verwandt waren. Meine Lehrzeit beendete ich am 31.3.1897, blieb aber noch bis zum 23.06.1897 bei der Firma, um dann nach Breslau überzusiedeln, wo ich vom 1.7.1897 bis zum 31.12.1897 bei der Firma Paul Johann Wolf tätig war, anschließend arbeitete ich vom 1.1.1898 bis 7.6.1899 bei Jakob Hag in Gnadenfrei und zwar ab August 1898 als Geschäftsführer. Dort lernte ich auch die Brüdergemeine so schätzen und lieben, dass ich mich ihr anschloss. Am 17.07.1899 trat ich in die große Handelsfirma Geske & Co in Dresden ein, wo ich bis Ende 1901 blieb. Dann rief mich mein Vetter, bei dem ich in Leipzig gelernt hatte, zurück in seine Firma. In Dresden hatte ich meine zukünftige Frau kennengelernt, mit deren Eltern meine Eltern schon lange herzliche Freundschaftsbande verknüpften. Die Stellung in

Leipzig machte unsere Verlobung am 4. März 1902 und unsere Eheschließung am 5. April 1904 möglich. Unser beiderseitiger Konfirmationsspruch war auch unser Trautext: Jesaja 54,10.

Meine Frau hatte sich schon vor unserer Hochzeit in die Brüdergemeine aufnehmen lassen. Sie war ihr ja nicht fremd, da sie als Kind schon in Basel in brüderische Kreise gekommen war, und ihre Mutter, zur Brüder-Sozietät gehörig, in Neuwied und Gnadenberg Lehrerin gewesen war. Am 4. Juli 1905 wurde uns unsere Tochter Maria-Luise, am 31 Januar 1907 Karl-Dietrich geschenkt, die wir mit großem Dank gegen Gott empfingen.

(soweit die Aufzeichnungen des Entschlafenen, nun schreiben wir weiter)

Die Gerüche der ätherischen Öle und Essenzen bekamen meinem Mann aber sehr schlecht, er hatte dauernd mit dem Herzen zu tun, war auch aus diesem Grunde nie Soldat gewesen. So siedelten wir am 1. Januar 1913 nach Ebersdorf über und mein Mann stellte sich ganz in den Dienst der Brüdergemeine, mit der wir immer inniger verwuchsen. Zuerst war er Vorsteher der Brüdergemeine und Bürgermeister des damals noch selbstständigen oberen Ortsteils. 1914 kauften wir das alte Gemeingeschäft B. Goettling und Co, um es vor Liquidation zu retten und der Brüdergemeine in Ebersdorf zu erhalten. Die Kriegszeit 1914 bis 1918 stellte große Anforderungen an seine Gesundheit. Die Nachkriegszeit brachte erhebliche Umwälzungen, so z.B. die Zusammenlegung der beiden Ortsteile, durch die er sein Bürgermeisteramt verlor und am 1.7.1920 sein Vorsteheramt niederlegte. Die Leitung der Firma B. Goettling und Co hatte bis dahin sein Freund, Bruder Johannes Raatz als Teilhaber allein gehabt. Nun schaltete sich mein lieber Mann mit ein und übernahm 1924 das Geschäft in alleinige Verwaltung.

Mit kurzen Unterbrechungen war er Mitglied des Ältestenrates, übernahm auch längere Zeit die Leitung der Missionskonferenz, und im 2. Weltkrieg, als Bruder Burckhardt Soldat war, vertrat er ihn in allen nicht kirchlichen Belangen. Sein Herz hing sehr an der Brüdergemeine und mit zunehmendem Alter versah er mit wachsender Freudigkeit sein Dieneramt beim heiligen Abendmahl.

Seit 1913 litt er an immer wiederkehrenden Darmblutungen, die uns 1944 zur Aufgabe des alten Gemeingeschäfts zwangen. Der Zusammenbruch 1945 erschütterte ihn schwer. Die sich daraus ergebende wirtschaftliche Lage veranlasste ihn, trotz zunehmender Schwerhörigkeit die Zahlstelle der Bank für Handwerk und Gewerbe zu übernehmen, die er mit großer Treue bis zuletzt geführt hat.
In den letzten Jahren lebte er gesundheitlich recht auf, sodass uns am 1. Oktober 1951 eine neuerliche schwere Darmblutung völlig überraschte. Es war die siebenundzwanzigste, die trotz großer Fürsorge unserer Ärzte und aufopfernde Hilfsbereitschaft unserer lieben Freundin am 12.10. 1/2 3 Uhr nachmittags zum Tode führte.

Nun darf mein lieber Mann schauen, was er geglaubt hat und ich bin mit meinen Kindern, seinen Geschwistern und allen seinen Freunden der festen Zuversicht, dass Gott es trotz allem Schweren in seinem Leben gut mit ihm gemacht hat und er in der ewigen Herrlichkeit so mit seinen vorangegangenen Lieben vereint ist, wie wir dereinst mit ihm vereint zu sein hoffen.

26. Anna Magdalena Frank 1878 – 1961

Leider liegt kein handgeschriebener oder von unserer Schwester diktierter Lebenslauf vor uns. Wir können uns nur auf einige Angaben aus ihrem Leben stützen.

Schwester Magdalena Anna Frank ist am 31. Januar 1878 in Töpen, Kreis Hof, geboren. Sie entstammt einer Landwirtschaft. Schon früh lernte sie Leid in der eigenen Familie kennen: drei ihre Geschwister sind im Kleinkindalter gestorben, ihre Mutter litt durch eine Scharlacherkrankung an einer Kopfschwäche. Wir wissen aus Erzählungen, dass, solange der Vater lebte, die Landwirtschaft in Töpen eine erfreuliche Lebensgrundlage bot.

Als unsere Schwester 17 Jahre alt war, zog die Mutter, die unterdessen Witwe geworden war, mit ihr von Oberfranken nach Ebersdorf. Hier wohnte damals eine Schwester der Mutter, die an einen Bruder Blom verheiratet war. Sie bewohnten das Haus, in dem sich jetzt das Friseurgeschäft befindet. Schwester Franks Mutter nahm eine Arbeit in der Landwirtschaft der Geschwister Kreiselmeier an. Magdalena aber diente in der Familie des Diaspora-Arbeiters, Bruder Zoberbier. Er wohnte mit seiner großen Familie im Diasporahaus. Dort gehörte es u.a. zu den Aufgaben unserer Schwester, dass sie - was wir uns heute nicht mehr vorstellen können - in großen Wasser-Butten sämtliches Wasser für Küche und Haus aus einem benachbarten Brunnen holen musste.

Noch vor der Jahrhundertwende siedelte sie ganz in das Schwesternhaus über und begann ihre Arbeit in der hauseigenen Bäckerei. Später hat sie lange Zeit diese Bäckerei selber geleitet! Wer Schwester Frank kannte, weiß, dass sie - wie man so sagt - gewiss körperlich kein Held war. Umso erstaunlicher ist die Tatsache, dass sie bis auf eine Unterbrechung von wenigen Jahren bis 1932 die Bäckerei geleitet und täglich ohne moderne

Maschinen schwer körperlich gearbeitet hat! Wieviel Liebe zur Sache, wieviel stille Hingabe eines Herzens, das sich von Jesus gelebt und erlöst wusste, und wieviel Kraft aus Gottes Hand spüren wir im Leben dieser Schwester! Wenn wir von einer Unterbrechung ihrer Schwesternhauszeit schrieben, dann handelt es sich um die Pflege ihrer Tante Bolm 1917 und um anschließende Jahre, die sie in Schwarzenbach an der Saale verlebte. Nach ihrer Rückkehr von dort sah sie sich plötzlich durch einen Gelenkrheumatismus völlig bewegungsunfähig. So gelähmt, hat ein Kutscher aus dem Kammergut sie auf holperndem Wagen nach Schleiz in das Krankenhaus gefahren. Nach der Genesung war ihr Platz wieder in der Bäckerei!

Eine Zeitlang hat Schwester Frank dann auch die Hausmädchen, die an vielen Stellen des großen Gebäudes eingesetzt waren, verantwortlich betreut. Als 1932 die Bäckerei aufhörte, war unsere Schwester 54 Jahre alt. In der Folgezeit hat sie bei der jährlichen Bearbeitung eines großen hauseigenen Gartenstückes mitgeholfen. Später, als Flüchtlinge hier Einzug hielten, sah man Schwester Frank unermüdlich am Herd, tätig für all die vielen, die durch den Krieg unmittelbar betroffen worden waren.

Mit dem Heimgang von Schwester Magdalena Frank geht ein lebendiges Stück von unserer brüderischen Anstaltsarbeit für immer von uns. Sie verkörperte - noch mitten in unserer Zeit und Generation - den Typ der Schwester, die - von Gott geliebt - ihr Leben nun ihrerseits in dienender und helfender Liebe einsetzte.

So haben ihre Hände, mithelfend und betend, nicht geruht, auch als sie ein Zimmer im Altersheim bezog.

Mitten aus dieser stillen Tätigkeit und aus noch reger Anteilnahme an dem Geschehen um sie herum, hat der Herr über Leben und Tod sie aus der Bewusstlosigkeit eines Schlaganfalles am 28. August aus dieser Zeit abberufen.

27. Paul Richter 1881-1959

" An mir und meinem Leben ist nichts auf dieser Erd, was
Christus mir gegeben, das ist der Liebe wert!"

Am 19.12 1881 wurde ich in Ebersdorf als sechstes Kind meiner
Eltern, des Fleischermeisters Johann Richter aus Bruck bei Hof,
und seiner Ehefrau Margarete, geb. Diehl, aus
Haßloch/Rheinpfalz geboren.

Meine Jugend verbrachte ich in Ebersdorf, besuchte die Schule
der Brüdergemeine und trat am 1. Oktober 1895 als Lehrling in
die Firma Goettling & Co, welche heute nicht mehr besteht, ein.
Bis zu meiner Einberufung zum Heeresdienst, Jägerbataillon 11
Marburg, verblieb ich als Gehilfe daselbst.

Nach meiner Dienstzeit fand ich am 1. Oktober 1905 Stellung in
der Firma Meierotto & Co in Neusatz/Oder. Hier war ich im
Kolonialwaren-Großhandel tätig und hatte zuletzt den
Kassiererposten inne.

1912 wurde mir eine Stellung als Buchhalter in den Gruschwitz-
Textilwerken angeboten, welche ich annahm, da ich heiraten
wollte.

Am 8. Oktober 1913 verlobte ich mich mit der Tochter Nelly des
Bäckermeisters Bruder Wilhelm Nafe und seiner Ehefrau Ida,
geborene Volkmar. Wir heirateten am 2. Juni 1914. Nur wenige
glückliche Wochen konnten wir zusammen sein. Es zogen die
dunklen Wolken des Ersten Weltkrieges herauf und ich wurde am
2. August 1914 zu den Hirschberger Jägern eingezogen und
musste 14 Tage später ins Feld. Unser Eheglück wurde gestört.
Es war ein schwerer Abschied. In den schweren Kämpfen in den
Argonnen erhielt ich die Nachricht, dass uns am 1. April 1915
unsere Tochter, unsere Liebe Gerda-Sigrid geboren wurde, welche

ich erst im August kennenlernen und in die Arme nehmen durfte. Die Nachricht von der Geburt unseres lieben Kuno am 4. April 1918 erhielt ich auch ins Feld. Ihn konnte ich nach meiner Entlassung vom Kriegsdienst im Dezember 1918 das erste Mal sehen.

Nun war ich wieder bei Gruschwitz tätig. 1920/21 wurde ich noch einmal längere Zeit von meiner Familie getrennt, da ich im Auftrag der Firma die Auflösung einer Tochtergesellschaft in Berlin vornehmen musste und mehrere Monate dort blieb. Nach der Rückkehr von Berlin durften wir endlich zusammen sein. Gott schenkte uns viel Freude an unseren Kindern und wir verlebten zusammen mit den Großeltern schöne, harmonische und sorglose Jahre. Mein Garten und der Rudersport waren ein Ausgleich für die sitzende Beschäftigung.

(Ende der eigenen Aufzeichnungen)

Fortsetzung durch die Tochter:

Unser schönes Familienleben wurde gestört, als 1931 unser lieber Großvater Nafe heimging. Die von meinem lieben Vater sehr verehrte Schwiegermutter zog ganz zu uns und verlebte noch fast zehn schöne Jahre im engsten Familienkreis, bis auch sie 1940, von uns allen sehr betrauert, für immer von uns ging.

Der schwerste Schicksalsschlag traf uns 1944 im Oktober durch die Vermisstmeldung unseres Kuno. Wohl nur mein Vater hat ermessen können was das heißt, denn seine Verzweiflung und Trauer über das Schicksal seines Sohnes war grenzenlos.

Ende Januar 1945 verließen wir unsere schöne Heimat, um hierher zu ziehen. Hier verlebten wir einige sehr schwere Jahre. Mein lieber Vater litt sehr unter dem Hunger und einer langandauernden Furunkulose.

Endlich fand er eine passende Arbeit in Schönbrunn bei der Firma Metzner, die ihn vollauf befriedigte. Da er in dem Betrieb nur vormittags Beschäftigung hatte, gab er der Bitte der damaligen Leiterin des Kinderheimes Sonnenschein nach und führte auch dort die Bücher mit großer Treue, bis zum letzten Abschluss. In den letzten Tagen in großer Schwachheit.

Da er viel Freude an der Musik hatte, trat mein lieber Vater mit 17 Jahren in den Bläserchor der Brüdergemeine Ebersdorf ein. Auch beim Militär wurde er zum Blasen herangezogen. In Neusalz sowie dann wieder hier, diente er in gewohnter Treue auf diese Weise der Gemeine. Eine große Freude war es für meinen lieben Vater, als er das 60-jährige Bläser-Jubiläum im vorigen Jahr feiern durfte. In der Neujahrsnacht 58/59 hat er das letzte Mal mitgeblasen. Bald danach erkrankte er an einer schleichenden Grippe, die sein Herz sehr angriff. Er blieb in ständiger ärztlicher Behandlung und war einige Wochen im Krankenhaus. Wir hofften auf Genesung, indessen nahm die Krankheit und Schwäche einen erschreckenden Verlauf. Am Sonntag, dem 28. Juni musste mein lieber Vater mit großem Herz und Atembeschwerden wieder ins Krankenhaus. Wir konnten ihn am Mittwoch noch in völlig geistiger Frische sprechen. Am Donnerstag den 2. Juli vormittags wurde uns mitgeteilt, dass mein lieber Vater hinüber geschlafen wäre in die Ewigkeit.

Wer ihn und unser Familienleben kannte, weiß, was wir an ihm verloren haben. Seine ganze Fürsorge und Liebe galt uns beiden. Besonders mir seit meiner Erkrankung. Kein Weg war ihm zu lang, kein Gang zu beschwerlich oder unangenehm. Immer war er bereit, uns alles leicht zu machen. Wir haben ihm unendlich viel zu danken. Wir waren durch all das Leid so verwachsen miteinander, dass die Trennung bitter wehtut.

Über unseres lieben Entschlafenen Leben stand sein Konfirmationsspruch: „Sei getrost bis in den Tod, so will ich dir die Krone des Lebens geben!"

 Sein Leben hat er gebracht auf 77 Jahre, sechs Monate und 23 Tage.

Ebersdorf, 2. Juli 1959.

28. Berta Schaffert 1896 - 1976

Wir haben hier keine bleibende Stadt,
sondern die zukünftige suchen wir.

Lebenslauf meiner Frau Berta Schaffert

Sie wurde geboren am 10.04.1896 in Neukarbe, Kreis
Friedeberg/Neumark. Ihr Vater war August Theodor Prütz, die
Mutter Auguste, geborene Jahnke. Der Vater war Waldarbeiter in
verschiedenen Gegenden Deutschlands und kam nur einige Male
im Jahre auf Urlaub. Somit verblieb die Erziehung und
Betreuung der Familie zum größten Teil der Mutter allein. Aus
der Ehe entsprossen drei Kinder. Karl, als ältester geboren am
17. August 1894, musste schon frühzeitig mithelfen für den
Unterhalt der Familie. Zumeist tätig in der Landwirtschaft. Zwei
Jahre nach der Konfirmation zog er mit dem Vater als
Waldarbeiter. Doch nicht lange dauerte dieses Zusammenleben
und Arbeiten in der Fremde, denn im März 1912 verstarb die
Mutter, und im September 1912 verstarb der Vater. Und nun
musste Karl das elterliche Erbe übernehmen, Haus und Hof und
etwa 10 Morgen Land. Karl war erst 18 Jahre alt und sah sich
nun nach einer Gehilfin, bzw. nach einer Lebensgefährtin um,
weil seine Schwester Berta, meine jetzige Frau, zu der Zeit auch
erst 16 Jahre alt war, und nicht bei dem Bruder bleiben wollte,
um ihm den Haushalt zu führen, sondern sich selbst ihren
Lebensunterhalt verdienen wollte. Durch das
Obervormundschaftsgericht wurde ihm, also Karl, die Erlaubnis
gegeben zum Heiraten. Auch seine Frau war erst 18 Jahre alt.
Doch dieser Ehebund dauerte nur kurze Zeit, denn im Januar
1915 wurden Karl und ich zur gleichen Zeit zum Kriegsdienst
eingezogen, zum selben Regiment und Kompagnie. Und schon
nach 7 Wochen Ausbildungszeit waren wir beide zusammen in
einer Kompanie im vordersten Schützengraben vor dem Feind. Im
Frühjahr 1916 kam Karl wegen einer Beinverwundung zurück
nach Deutschland, um ausgeheilt zu werden. Nach vier Wochen
war er schon wieder an der Front vor Verdun und nach 14 Tagen

wurde er als vermisst gemeldet. Von da ab war kein
Lebenszeichen mehr von ihm zu hören.

Warum ich etwas ausführlicher von dem Schwager Karl hier
geschrieben habe? Ich glaube, dass dieses mit hinein gehört in
den Lebenslauf meiner Frau.

Und nun zu ihr selbst. Ihre Kindheit und Schulzeit verlief sehr
eintönig. Als sie fünfeinhalb Jahre alt war, bekam sie noch ein
Schwesterchen, und somit waren sie ihrer drei Geschwister. Nach
ihrer Konfirmation am 16. März 1910 ging sie sogleich fort von zu
Hause zu einem Bauern, also in der Landwirtschaft. Und zu
jedem Jahresanfang ging es dann wieder zu einem anderen
Bauern. Im Jahr 1913 kam sie in den Ort, wo auch ich tätig war
in der Landwirtschaft. Hier lernten wir uns beide kennen und
hielten von nun an zueinander. Am 4. November 1914 wurde uns
unsere Tochter Frieda geschenkt, doch konnten wir uns noch
nicht verheiraten, da inzwischen der erste Weltkrieg
ausgebrochen war und ich zum Kriegsdienst eingezogen wurde.
Meine Frau blieb vorläufig noch in der Landwirtschaft tätig,
während ich in Feindesland im vordersten Schützengraben
meinem Mann stehen musste. Erst im August bekam ich Urlaub,
und wir hatten am 13. August Kriegstrauung. Am 17. August
musste ich wieder zur Front. Auf dem Wege zum Bahnhof
begleitete mich meine Frau, und wir machten dabei einen kurzen
Besuch bei der Schwägerin, weil das Gehöft direkt am Wege lag.
Wir waren etwa zehn Minuten in dieser Wohnung, da schlug der
Blitz ins Haus und in wenigen Minuten stand das Haus in hellen
Flammen. Meine Frau war bei dem lauten Knall des Blitzschlages
vom Stuhl auf den Fußboden gefallen und hatte sich den
Hinterkopf stark aufgeschlagen. Doch Eile war geboten aus dem
Haus zu kommen wegen der starken Rauchentwicklung. Die
Schwägerin, die erst 14 Tage zuvor ihr Kind entbunden hatte,
ergriff das Kind eingewickelt, und dazu die wichtigsten
Dokumente und stürmte hinaus ins Nachbarhaus.
Währenddessen bemühte ich mich um meine Frau und wir
kamen beide aus dem brennenden Hause, und in aller Eile zum

Bahnhof. Durch das Fenster des fahrenden Zuges sah ich nur noch, dass das Haus niedergebrannt war, und dieses geschah an dem Tage, da das Schwager Karl Geburtstag hatte, jedoch inzwischen als vermisst gemeldet war. Bald nach unserer Kriegstrauung ging meine Frau weg aus der Landwirtschaft in eine Papier- und Pappenfabrik im Nachbarort, während sie sich in ihrem Geburtsort eine Wohnung mietete. Unsere Tochter war schon längere Zeit bei einem älteren Ehepaar in Pflege. Zu der Zeit wurde für unser Volk in Stadt und Land der Brotkorb immer höher gehängt und auch meine Frau hatte darunter zu leiden. Bei sehr schwerer und sehr langer Arbeitszeit nahmen die Körperkräfte rapide ab, bis sie völlig unterernährt zusammenbrach und die Arbeit aufgeben musste. In dieser Zeit wurde ich vom Frontdienst entlassen als „Arbeitsverwendungsfähig für die Heimat", zunächst einmal auf 4 Wochen Erholungsurlaub. Da meine Frau für sich selbst nicht einmal Nahrung genug hatte, konnte ich ihr nicht zumuten, dass sie mich auch noch vier Wochen durchfüttern sollte von dem wenigen, was sie hatte. Und so fuhr ich nach Schneidemühl zu einer Flugzeugfabrik, und wurde als Hilfsmonteur eingestellt bei gutem Verdienst und guter Verpflegung. Doch nur kurze Zeit, dann ging der erste Weltkrieg zu Ende und ich musste mich bei meinem Truppenteil melden. Aber erst im Januar 1919 wurde ich gänzlich entlassen und begann die Arbeitssuche. Auf dem einen Sägewerk hatte ich alle Tage 26 km Fußmarsch zurückzulegen, 13 km hin und 13 km zurück. Das war für die Dauer nicht gut. Dann bekam ich in der Nähe Arbeit und zwar in der Papier- und Pappenfabrik, wo meine Frau die letzten zwei Kriegsjahre gearbeitet hatte. Nach 14 Tagen wurde ich angelernt als Betriebs-Maschinist und als ich dann nach kurzer Lehrzeit die Haupt-Betriebsmaschine 450PS bedienen konnte und einen guten Stundenlohn bekam und der Arbeitgeber mit mir zufrieden war, da glaubte ich, nun hat alle Note ein Ende. Da brach plötzlich eines Tages ein Totalstreik unter der Belegschaft aus und dieser Streik dauerte etwa 14

Wochen und ich war somit ohne Brot und Lohn für meine Familie.

Nach einigen Tagen machten wir den ersten größeren Umzug, denn wir zogen in einen anderen Ort als Gutsarbeiter-Familie. Aber auch hier war viel Unruhe unter der Arbeiterschaft. Nach einigen Wochen hatte man mich zum Betriebsratsvorsitzenden gewählt und nun war in der Woche etliche Male des Abends bei mir in unserer Wohnung Betriebsbesprechung. Und damit waren auch der Haus- und der Ehe-Frieden gestört. Eines Abends wurde auch ein Streik beschlossen, derselbe dauerte jedoch nur einen Tag, dann ging alles seinen gewohnten Gang. Doch nicht für mich persönlich, denn ich hatte fast jeden Tag irgendeine Besprechung mit dem Gutsbesitzer, sehr oft wegen Wohnungs-Veränderungen. Des Sonntags waren häufig Wohnungs-besichtigungen, wobei dann viel gefeilscht und besprochen wurde. Dann ging uns der Ruf voraus von den Dorfkindern: Jetzt kommt Schaffert mit Herrn von Langensteinkeller. Solche Besichtigungen dauerten oft lange. Dass unter solchen Umständen das eigene Familienleben leiden musste, ist verständlich. Etwa 3 Jahre dauerte dieses Verhältnis, und wieder hieß es umziehen, eine Stunde vom Dorf entfernt im Walde unter demselben Gutsbesitzer, doch stand ich nicht mehr bei demselben in Arbeit. Etwa einviertel Jahr arbeitete ich in Bochum/Ruhrgebiet auf dem Bau als Steinträger auf dem Baugerüst, und somit getrenntes Familienleben. Danach kam ich wieder zurück in die Familie und hatte in der Nähe Arbeit als Waldarbeiter mit sehr gutem Verdienst. Nach einem Vierteljahr, da hieß es wieder „wandern". Wir zogen in einen anderen Ort zu einem Großbauern als Wirtschafter, wo auch meine Frau täglich schwer mit arbeiten musste. Nach etwa zweieinhalb Jahren bekam ich Darmverschlingung, kam ins Krankenhaus und wurde noch an demselben Tag operiert. Nach der Operation kam vieles andere hinzu und ich wurde nach einem Vierteljahr als Invalide geschrieben. Noch zwei Mal zogen wir in diesem Ort um. In dieser Zeit besuchten uns verschiedentlich die Glieder der

Brüdergemeine. Auf die Frage von Bruder Wilhelm Hartmann, Leiter der Brüdergemeine in Triesen, der uns auch öfter besuchte, ob ich nicht einmal auf eine Zeit nach Herrnhut auf die Bibel- und Missionsschule gehen möchte, sagte ich nach längerem Überlegen mit Ja zu. Ein ganzes Jahr blieb ich dort, währenddessen meine Frau wieder allein für den Haushalt zu sorgen hatte und keinerlei Unterstützung bekam. Dann hielt ich hin und her im Bezirk Versammlungen und war somit ein Mitarbeiter von Bruder Hartmann. Doch von dem wenigen Entgelt konnte die Familie auf die Dauer nicht leben. Und so zogen wir wieder einmal um in den Bezirk Neudesden als Hauseltern in einen Gemeindesaal, wo ich die Versammlungen zu halten hatte. Ohne Besoldung musste ich den Unterhalt für die Familie mir am Tage verdienen und des Abends dreimal in der Woche abends Versammlungen halten nach außerhalb mit dem Fahrrad. Dazu kam der Sonntagsdienst im Saal und zuweilen auch noch in der Landeskirche. Neun Jahre hatten wir diesen Dienst inne, denn auch meine Frau half mir tüchtig und sorgte für Ordnung und Sauberkeit fürs ganze Haus, auch den großen und kleinen Saal. Dazu hatten wir noch in der oberen Wohnung einen Kostgänger, den Jugendwart Bruder Merz, der von meiner Frau betreut wurde mit Essen, Wäsche und bei Vervielfältigungsarbeiten und Motorrad säubern. Nach 9 Jahren bot sich für uns eine Gelegenheit einen Bauernhof zu übernehmen. Das Geld dazu bekam ich durch Bürgschaft eines Bruders, der Großbauer war. Also wieder einmal Großumzug. Doch nun waren wir selbständige Bauersleute, was von Jugend an mein Ziel war. Viel Mühe und Arbeit war nun unser beider Tagesablauf. Aber dazu ganz sichtbar Gottes überreicher Segen zu allem Tun und Mühen. Gewiss hatte es meine Frau besonders schwer, denn auf und zu einem Bauernhof gehört nun einmal eine tüchtige und umsichtige Frau, und das war sie alle Zeit. Hier waren wir beide in unserem Element. Doch auch hier war die Zeit unseres Bleibens nur kurz, fünfeinhalb Jahre, und dann kam die Russen-Herrschaft und ihr folgte die Polen-Herrschaft. Und wieder fand ein Umzug statt. Doch diesmal ohne Hab und Gut, noch dazu ins völlig Ungewisse. Ich selbst kam mit einem Kriegsgefangenen-Transport bis nach Moosburg in Oberbayern, wo ich dann noch dazu ein Jahr in Kriegsgefangenschaft kam. Während meine Frau mit Tochter und ihrer Schwester, alle drei zusammen, ein ganzes Vierteljahr mit einem Handwagen auf den Landstraßen umher irrten, ohne Nahrung und ohne Obdach. Des Nachts kampierten sie im Wald, Straßengraben und ab und zu in einem leerstehenden Schweinestall. Ihre Nahrung bestand in der Hauptsache aus Kartoffeln, die sie sich auf den Feldern suchten. Nach diesem Vierteljahr des Herumirrens bekamen sie endlich ein Obdach zugewiesen bei einer Kleinbauernfamilie. Hier hatten sie es gut, denn die Bäuerin tat was sie konnte. Gewiss blieb vorläufig noch die Sorge um das tägliche Brot, doch der Herr verlässt die Seinen nicht, er steht zu seinem Wort „Ich will dich nicht verlassen noch versäumen". Eines Tages erschien ich unter ihnen, entlassen aus der Kriegsgefangenschaft, der Herr hatte es so geführt, denn wir hatten ja bis dahin keinerlei Verbindung. Ich bekam sogleich Arbeit als Waldarbeiter, doch nur für eine kurze Zeit. Dann zogen wir wieder um, eine ganze Tagesreise mit der Bahn. In dem neuen Ort übernahmen wir eine Siedlungsstelle von 60 Morgen, und hier bauten wir alles neu auf: Haus, Stall, Scheune und was sonst zu einem Bauerngehöft gehört. Alles mühsam, aber dennoch ging es vorwärts. Auch das nötige Vieh musste beschafft werden. Etwa 5 Jahre benötigten wir dazu, bis alles so einigermaßen seinen Gang lief. Doch da kam, fast wie über Nacht, die LPG an uns heran, etwas, dass wir noch nicht kannten, dass wir aber bald kennenlernen sollten. Alles, sämtliches mühsam erarbeitetes Hab und Gut kam in eine Kasse und wir arbeiteten für eine Kasse. 5 Jahre arbeiteten wir noch in dieser LPG. Dann brach meine Frau körperlich zusammen. Durch unsere Tochter Frieda bekamen wir Verbindung hier mit Emmaus. Die Schwester Ursula Grunwald lud uns ein zur Vorstellung. Bei dieser Zusammenkunft wurde alles dahingehend besprochen, dass wir, sobald hier eine Wohnung frei würde, wir nach hier kommen könnten. Und das geschah schon nach drei Wochen. Mit LKW und Anhänger kamen wir hier an. Ganz langsam erholte sich meine Frau wieder und dann suchte und fand sie Verbindung mit gleichaltrigen Frauen, Bewohnerinnen dieses Hauses. Sie nannten sich die Stopftanten, deren Aufgabe war, Sachen auszubessern für das Kinderheim Gottesschutz. Hier schloss sich meine Frau an. Einige Jahre währte diese Beschäftigung und dann fing meine Frau an zu kränkeln an ihren Füßen. Der Arzt sagte: Rheuma und Gicht an Händen und Füßen. Nach allerlei medizinischen Versuchen, die sich als vergeblich herausstellten, riet der Arzt zu Operation, nämlich beide Knie steif legen. Doch unsere Diakonissenschwestern rieten davon ab. Nun übernahm die Schwester Johanna die Pflege meiner Frau, durch regelmäßiges Massieren wurden die Knie wieder normal, die bis dahin unnormal verdickt waren. Nur die Fußknöchel-Gelenke und ein Armgelenk bereiten ihr noch viel Schmerzen, sodass sie sich das Haar oft nicht selbst machen kann. Auch die Nerven schütteln oft den ganzen Körper. Einen herzlichen Dankesgruß möchte meine Frau allen unseren Diakonissen-Schwestern hier im Hause zurufen für all ihre Mühe und Fürsorge, die sie auch ihr zuteilwerden ließen, einen ganz besonderen Dankesgruß an Schwester Johanna, die so viel Mühe und Geduld mit meiner Frau hatte beim Massieren.

Oh wie gut haben wir es doch hier in diesem Hause, in unserem stillen ruhigen Stübchen, an unserem Lebensfeierabend. Wir dürfen uns beide gemeinsam ausruhen von aller Mühsal und Unruhe dieses Erdenlebens und still und besinnlich uns zubereiten lassen für die letzte und größte Reise, den Umzug aus der Zeit in die Ewigkeit, um bei dem Herrn zu sein allzeit! Doch zuweilen eilen die Gedanken voraus und die Fragen stellen sich bei uns ein: Herr, wie lange noch, und was wartet unser noch hier, und welche Wege müssen wir hier noch gehen? Doch dann dürfen wir uns das Glaubenslied der Frau Hedwig von Redern zu Eigen machen:

173

Weiß ich den Weg auch nicht, du weißt ihn wohl,
das macht die Seele still und friedevoll.
Ist doch umsonst, dass ich mich sorgend müh,
dass ängstlich schlägt mein Herz, sei's spät, sei's früh,
du weißt den Weg ja doch, du weißt die Zeit.
Dein Plan ist fertig schon und liegt bereit.
Ich preise dich für deiner Liebe macht,
ich rühm die Gnade, die mir Heil gebracht.
Du weißt, woher der Wind so stürmisch weht,
und du bietest ihm, kommst nie zu spät.
Drum wart ich still, dein Wort ist ohne Trug.
Du weißt den Weg für mich, das ist genug.

Letzter Wunsch meiner Frau: sie möchte an ihrem Begräbnistag
zur Leichenrede den Text haben: Jesaja 54,10, welcher ihr
Konfirmationsspruch war: „Denn es sollen wohl Berge weichen
und Hügel hinfallen, aber meine Gnade soll nicht von dir
weichen, und der Bund meines Friedens soll nicht hinfallen,
spricht der HERR dein Erbarmer."
Lied Nummer 1024 und zum Schluss Nummer 1025.

29. Helene Eschmann 1900 -1986

Als Jüngste von sieben Geschwistern wurde ich am 7. Juli 1900 in Aulowönen, Kreis Insterbug, früher Ostpreußen, geboren. Die Vorfahren meiner Mutter waren Salzburger Emigranten. Meine Eltern hatten eine Bäckerei und Landwirtschaft. Im Ersten Weltkrieg 1915 starb mein Vater, vier Brüder waren im Krieg. Nach der Inflation heirateten meine Geschwister und ich betreute meine Mutter, die die letzten sieben Jahre ihres Lebens erblindet war und 83-jährig starb. Meinen Beruf konnte ich nur teilweise ausüben. Ich war im Landratsamt und zuletzt in einer Ziegelei im Büro tätig. Im Januar 1945 mussten wir flüchten, ich kam im April in Gefangenschaft. In diesen schweren Jahren bis 1948 habe ich die gnädige Durchhilfe Gottes, ja selbst Wunder erfahren. Ich kam aus dem Lager, an Leib und Seele völlig ermattet, zu meinem Bruder nach Ebersdorf. Hier hat mir Gott liebreiche Menschen zugeführt, dadurch ich wieder aufleben konnte. Auch wurde mir eine Tätigkeit in meinem Beruf, in der Gemeindeverwaltung, später im Krankenhaus, geschenkt, die ich bis zu meinem 73. Geburtstag ausübte. Seit Februar 1974 habe ich liebevolle Aufnahme im Altersheim „Emmaus" gefunden.

Ich danke der Heimleiterin Schwester Clementine Weiss und ihren Mitarbeitern von Herzen für die überaus gute Betreuung.

Rückblickend kann ich für die gnädige Durchhilfe und Führung Gottes in meinem Leben nur loben und danken.

30. Else Dillitz 1901 – 1994

Else Dillitz wurde am 25. September 1901 in Schleiz geboren als erstes Kind des Kammerkanzlisten Paul Rühr und seiner Ehefrau Anna Rühr. Nach ihr wurden noch eine Tochter und ein Sohn geboren.

Von 1908 bis 1919 besuchte sie die Übungsschule des ehemaligen Landesseminars in Schleiz. Im August 1918 siedelte sie mit ihren Eltern nach Gera über, wohin ihr Vater versetzt worden war. Von Kind an sang und musizierte sie gerne. So erhielt sie von 1919 bis 1926 in Gera Gesangsunterricht. Bereits im letzten Ausbildungsjahr wurde sie am Reussischen Theater in Gera als Gesangselevin angenommen und erhielt nach einer dreijährigen Lehrzeit daselbst eine Anstellung als Chorsängerin. Im Jahr 1923 heiratete sie den kaufmännischen Angestellten Hermann Rabold. In dieser Ehe wurde der Sohn Wolfgang geboren. Im Jahr 1932 wurde die Ehe wieder geschieden. Alleinerziehend zu sein, war besonders in ihrem Beruf nicht leicht. Vermisste der Sohn auch oft die Mutter, war er doch bei Großeltern, Urgroßeltern und den Geschwistern der Mutter in guter Obhut und durfte so die Geborgenheit in einer großen Familie erleben.

Bis 1935 war Else Dillitz am Geraer Theater tätig, ging dann für zwei Jahre an das Landestheater nach Dessau. Die Sehnsucht nach der Familie und ihrer Arbeit in Gera zog sie wieder in die Heimat. 1946 heiratete sie den Tubisten Karl Dillitz und folgte ihm in dessen Heimat nach Wiesbaden-Trauenstein. Ihr Ehemann verunglückte im Jahre 1947 tödlich bei einem Übungsschießen der Besatzungsmacht. 1948 kehrte sie nach Gera zurück und erhielt dort auch wieder ein Engagement am Landestheater.

Als sie ca. 1960 in den Ruhestand ging, blieb die Freude am Singen ein Teil ihres Wesens und sie hat bis in die letzten Tage ihres Lebens hinein ihre Stimme immer wieder zum Lob Gottes erklingen lassen.

In Gera war Else Dillitz in der Gemeinde am Untermhaus zu Hause und es gab auch von Ebersdorf aus immer noch Verbindungen hin und her mit Freunden und Bekannten.

Im Jahr 1982 kam sie nach Ebersdorf in das Altenheim Emmaus. Sie kam nicht in die Fremde, hatte sie doch in ihrer Kindheit in Ebersdorf des Öfteren die Ferien verbracht, da ihr Vater beim Reussischen Fürsten angestellt war. Ihre geistliche Heimat fand sie hier in der Brüdergemeine. Eine besondere Freude war für sie, dass in unseren Versammlungen viel gesungen wird.

Es wurde ihr auch geschenkt, dass sie bis in ihr hohes Alter hinein sich an der Schönheit der Ebersdorfer Umgebung freuen konnte. Noch Ostern dieses Jahres machte sie mit ihren Kindern einen Fußmarsch nach Schönbrunn und zurück. Nur kurze Zeit war sie bettlägerig, bis sie am vergangenen Dienstag im Frieden entschlief.

31. Kurt Küchler 1908 - 1996

Nachdem ich das 76. Lebensjahr vollendet habe, möchte ich hiermit dankbar zurückblicken auf die einzelnen Abschnitte meines Lebens und daraus einiges berichten. Mein Geburtsort Zöblitz im Erzgebirge hat mir die ganze Zeit meines Lebens als Kindheitsparadies vor Augen gestanden, wenn auch nicht ganz ungetrübt. Mein Vater war als Soldat drei Jahre in Russland. Dann kam der Zusammenbruch des Ersten Weltkrieges, der uns Hunger und Armut brachte, was auch wir Kinder stark zu spüren bekamen. Aber meine fleißige Mutter verstand durch Hilfe bei den Bauern zusätzliche Nahrung zu schaffen, wie sie auch später für alle fünf Kinder treulich sorgte. Mein Vater bekam Getreide für die Stöcke, die er in der Freizeit rodete, wobei ich ihm schon fleißig half. Das Sammeln von Holz, Beeren, Heilpflanzen und Pilzen, auch das Kühehüten im Herbst, nahm uns Kinder sehr in Anspruch, so dass manchmal die Schule vernachlässigt wurde, wo der Rohrstock noch in Mode war, weshalb wir aber später den Lehrern nicht böse waren. Trotz der genannten Mängel und Verpflichtungen konnte ich mir nichts Schöneres vorstellen, als diese Heimat mit den vielen Bergwiesen, Wäldern und Bächen, wo wir uns austoben konnten. Vom Religionsunterricht in dieser Zeit hatte ich wenig Gewinn, denn auch da trat der Rohrstock in Erscheinung.

In meinem elften Lebensjahr kam eine harte Trennung von dieser Kindheitswelt. Mein Vater, der sich vom Waldarbeiter zum Förster hochgearbeitet hatte, wurde nach dem Osterzgebirge versetzt. Wir zogen in das kleine Forsthaus nach Schellerhau. Dort gab es nur eine kleine Dorfschule, in der vier Jahrgänge in einer Klasse zusammen sitzen mussten. Die Bildungsmöglichkeit wurde daher herabgesetzt. Der viele Schnee und die Weite des Dorfes machten uns zu tüchtigen Skiläufern. Aber es gab so viel Nachteiliges, dass ich oft um meine verlorene erste Heimat trauerte.
Immer noch bekamen wir die Not vom Ende des Ersten

Weltkrieges zu spüren. Ein Kleidungsstück zu Weihnachten oder zum Geburtstag hatte einen sehr hohen Stellenwert. Der Konfirmationsanzug spielte eine große Rolle. Da im Dorfe alles kleine Gebirgsbauern waren, bekamen wir Jungens schon bald eine kleine Sense und wir waren stolz, wenn wir die großen Wiesen mit mähen konnten. Da im Gebirge die Anfuhr von Kohlen sehr kostspielig war und wir viel Holz hatten, musste das ganze Jahr hindurch viel Holz zerkleinert werden. So wurden wir sehr früh zu praktischen Arbeiten erzogen. Durch den Ortspfarrer Gilbert erfuhr ich schon als Junge eine innerliche Förderung, sodass ich mehr Sinn für die Kirche bekam. Schellerhau war damals noch in recht armes Dorf mit armen Bauern, deren Häuser oft noch mit Stroh gedeckt waren. Da war es aber noch Sitte, dass sich jeden Sonntag, trotz der weiten Wege und des holen Schnees im Winter, in der Kirche wenigstens ein Glied von der Familie zeigte. Mit 25 Jahren lernte ich später in Schellerhau auch meine Frau kennen. In Schellerhau starb mein Vater, als ich erst 19 war an Magenkrebs. Im Alter von 14 Jahren machte ein neuer Wechsel wieder einen tiefen Einschnitt in meinem Leben. Ich musste meine Lehrzeit antreten und zwar fern der Heimat in Ostrau bei Döbeln. Damals konnte ein Lehrling noch keine Wünsche und Beschwerden aussprechen in Bezug auf Arbeitszeit, Freizeit, Lohn, Essen und Urlaub. Für meine Lern- und Schreib-Freudigkeit stand mir in der kleinen Dachkammer nur mein Holzkoffer zur Verfügung, vor dem ich kniete, weil es keinen Stuhl gab. Kein elektrisches Licht! Kerzen wurden verboten wegen Feuergefahr. In Döbeln kam ich eng mit einem kleinen Baptisten-Kreis in Berührung. Da warnte mich mein Meister: Wenn du dich mit solchen Leuten einlässt, dann kannst du zu nichts kommen, weil sie dir zu viel Geld aus der Tasche ziehen.

Während der Gesellenzeit, die mich durch einige Städte bis München führte, war ich immer engstens mit dem CVJM verbunden. Er gab mir inneren Halt gegen die Versuchungen der

Großstadt und weitete meinen Blick für die Welt Gottes. Hier fand ich auch Möglichkeiten für die schulische Weiterbildung. Hier bekam ich auch die ersten Anregungen und Interessen für den Missionsdienst, bis ich schließlich meine Fühler ausstreckte nach einer diesbezüglichen Ausbildungsmöglichkeit. In Leipzig kam ich nicht an. Es wurde mir Herrnhut empfohlen, von dem ich keine Ahnung hatte. Dort wurde ich aufgenommen nach gründlicher Überprüfung. Zunächst wurde ich erst einmal nach Barmen geschickt, wo sich ein Proseminar der Rheinischen Mission befand. Hier wurde in kurzer Zeit sehr viel verlangt, so dass manche Mitschüler bald wieder fortgingen. Hier wurden wir auch fast jeden Sonntag für Kindergottesdienst herangezogen.

Danach kam ich nach Herrnhut in die Bibel- und Missionsschule. Diese bewährte sich sehr für solche, die aus einem Beruf kamen und ohne lange Ausbildung bald in den kirchlichen Dienst gehen wollten. Für den Missionsdienst war eine längere Studienzeit vorgesehen. Zum Wochenende wurden allerlei Dienste erwartet. Ich hatte einen Sonntagschuldienst in Neundorf. Samstags verteilte ich die Frohe Botschaft in Ruppersdorf. Oft wurde auch samstags mit der Herrnhuter Jugend auf dem Gottesacker gearbeitet. In der „Singgemeinde" fanden wir Zugang zu den Volksliedern und machten Wanderungen. Oft gab es auch Einladungen von Familien zum Abendbrot und Gesellschaftsspiel. Während dieser Zeit wurde ich auch Mitglied der Brüdergemeine.

Nach dieser viereinhalbjährigen Ausbildung kam ich erst einmal für zwei Jahren nach Dauba (Böhmen), wo ich neben der Gemeindearbeit auch die zwei Waisenhäuser mit zu verwalten hatte. Trotz der großen Armut, wo ich oft nicht mehr wusste, wo ich das Geld hernehmen sollte, welches die Hausmütter zum Einkauf brauchten, war die Arbeit schön und hoffnungsvoll. Für die etwa 25 Kinder standen so wenig Mittel zur Verfügung, dass wir mit unbezahlten Hilfsarbeiten rechnen mussten. Wir lebten oft von der Hand in den Mund, so wie so oft andere Innere-

Missions-Einrichtungen lange vorher, die sich auch das meiste im Gebet erbitten mussten. Mit Geschwister Bayer und Schwester Schwabe waren wir uns einig, dass das unser Weg ist. Mit Handwagen ging es auf die Dörfer, um mit Hilfe von genehmigten Listen Feldfrüchte zu bekommen.

In die Daubaer Zeit fiel meine Berufung nach Tansania. Dafür musste ich aber noch einmal eineinhalb Jahre England und die Universität Hamburg besuchen. Missions-Direktor Samuel Baudert war der Meinung, dass wegen der zunehmenden Bildung der Eingeborenen jeder Missionar wenigstens ein Auslandsdiplom haben müsste, wenn es nicht mehr für einen Dr. reicht. Das war noch einmal eine harte Lernzeit. Sie bezog sich auf Sprachen, Völkerkunde, Religionsphilosophie und Tropenheilkunde. Als es dann endlich per Schiff nach Afrika ging, musste ich mich zwei Jahre lang von meiner Verlobten trennen. Sie arbeitete als Schwester in Niesky. In dieser Zeit lief das Nazireich schon auf Hochtouren. Die Missionsarbeit fiel unter den nutzlosen Dienst an rassisch Minderwertigen. Darum gab es für uns keine Devisen mehr. Durch Schweden und die Schweiz bekamen wir aber so viel Hilfe, dass wir das Nötigste zum Leben hatten. Das wirkte sich auch günstig aus für unsere Arbeit, weil die Eingeborenen wenig hatten.

Ich wurde nach Inamwanga (ca. 60 Kilometer hinter Mbozi) berufen, wo vorher noch kein Missionar war. So musste ich auch selbst die Sprache aufnehmen. Nach einer kurzen sprachlichen Vorbereitungszeit in Mbozi, suchte ich bald die Stelle auf, wo ich bauen und mich niederlassen sollte. Zugleich mussten etwa 36 km Buschweg gebaut werden, um vielleicht mal ein Auto benutzen zu können. In Inamwanga ging es noch sehr ursprünglich zu, weil es schwer zugänglich war. Kaum irgendein europäischer Einfluss! Nach einem Jahr harter Arbeit und primitiver Einsamkeit fing ich an zu predigen. Nach einer Sprachprüfung durch Dolmetscher durfte dann auch meine Braut nachkommen und wir heirateten in Kymbila bei Schnabels.

Bald wurde uns unser erstes Kind, Luise, geschenkt. Vorher machten wir weite Safaris durchs Land und meine Frau hatte ständig Kranke zu verarzten. Alles zu Fuß! Manche Tage 10 Stunden durch die heiße Steppe wandern, war keine Seltenheit! Nur knapp vier Jahre durften wir die Arbeit tun. Da brach der Krieg aus. Als die Engländer uns in unserer Einsamkeit abholten für die Internierung, erschraken wir sehr. Aller privater Besitz wurde beschlagnahmt. Im Nu versammelten sich die Eingeborenen aus den umliegenden Dörfern. Sie weinten und sangen Abschiedslieder. Luise war noch kein Jahr alt. Alle Missionsleute wurden ziemlich unsanft mit LKWs nach Daressalam gebracht. Die Frauen konnten zunächst noch auf den Missionsstationen bleiben. Mit ihnen wurden wir schließlich von den Engländern ab Daressalam in die Heimat befördert. Das waren sehr aufregende Monate, besonders wegen der kleinen Kinder. Wir bekamen Wohnung in Gauernitz bei Coswig bei meinen Schwiegereltern. Sie verwalteten den Großgrundbesitz vom Fürsten Schönburg von Waldenburg. Diese Verwaltungs- arbeit übernahm ich von meinem Schwiegervater. Aber nur kurze Zeit, weil ich eingezogen wurde. Nach einer Verwundung in Russland kam ich nach Tunesien. Immer wieder an die Front mit mörderischem Feuerhagel! Nach dem Zusammenbruch der Front in Afrika kam ich als Gefangener nach USA, wo ich mehrere Staaten kennenlernte. Dort konnte ich mich als Lagerpfarrer und Dolmetscher betätigen, oft sonntags in mehreren Lagern. Aus der Kameradschaft wurde eine herzliche Bruderschaft, die z.T. noch bis heute durch Korrespondenz aufrecht erhalten blieb. Wir erlebten aber auch viel Feindschaft, bis zu einigen Totschlägen. Die Kirchgänger wurden verdächtigt als Überläufer und Verräter. Als ich 1946 zurückkehrte, wurde ich von der Unität gebeten, die Gemeine Dresden zu übernehmen. In Radebeul wurde der Brüdergemeine ein Haus geschenkt, in welches wir ziehen konnten. 8 Jahre lang diente ich der Dresdner Gemeine. Davon ein Jahr der Luthergemeinde Radebeul. In der Landeskirche hielt ich einige Evangelisationen. Dann wurde ich um den

Missionsreisedienst gebeten, den ich aber nur zögernd übernahm. Dadurch war ich oft wochenlang unterwegs und meine Frau war viel allein mit den fünf Kindern und all den Schulproblemen, verbunden mit harten Auseinandersetzungen in den Schulen. Nach meinem 8-jährigen Reisedienst kündigte ich und bewarb mich um einen Dienst in der Landeskirche. Mir fehlten neue Eindrücke vom Missionsfeld. Und solche, die die fernen Gebiete besuchen durften, zum Teil mit wenigen Sprachkenntnissen, standen nicht in der Missionswerbearbeit. Das hat mich verdrossen. Aber ich tröstete mich, weil die vielen Missionare vorher auch gern noch einmal ihr Arbeitsgebiet gesehen hätten und durften es nicht mehr. Als 1954 Bruder Hartmut Reichel in Ebersdorf schwer erkrankte, wurde ich um Vertretung gebeten, bevor ich in die Landeskirche gehe. Er starb sehr bald und ich bekam eine Berufung für Ebersdorf, die ich nach einigem Zögern annahm und der Landeskirche wieder kündigte. Nach dem langen Reisedienst kam mir in Ebersdorf auf einmal alles zu eng vor. Die Tradition spielte eine große Rolle. Wegen Mangel an Mitarbeitern kamen viele praktische Aufgaben auf uns zu, auch Verwaltungs- und Kirchenrechneraufgaben. Das gute gegenseitige Einvernehmen ließ zu wünschen übrig. Als ich 65 wurde, mich aber noch rüstig fühlte, sagte mir Bruder Hickel, dass es vom Gesetzgeber wohl eine gut überlegte Sache sei, wenn der Bürger mit 65 in Rente geht. Er habe für uns eine Wohnung, die aber mit dem Dienst der Witwenhausverwaltung zusammen hängt. Ich hätte da weiter nichts zu arbeiten, sondern eben nur zu verwalten. Da ich in Ebersdorf mit Mietern sehr schlechte Erfahrungen gemacht hatte, zögerte ich, bevor ich nach 5 Monaten zusagte. Ich wollte lieber ein Häuschen kaufen. Durch das Wegbleiben der Arbeiter und Handwerker bekam aber die Verwaltungsarbeit einen anderen Charakter. Möglichst viel selbst tun, war die Parole! Leider konnte ich die baulichen Schäden, die ich übernahm, noch nicht alle beseitigen nach elf Jahren. Erwartungsvoll gingen wir nach Herrnhut, welches ich vor 55 Jahren kennenlernte. Was hat sich alles geändert! An der Stelle der Missionsschule war das Schulungszentrum. Familiäre Einladungen mit Spielabenden sind selten geworden. Viele Festzeiten verdrängten den Arbeitsdienst. Für das Fensterstreichen fand ich keine Herrnhuter. Es waren fremde Studenten und Tschechen. Man muss fertig werden mit vielen Büros und Dienststellen. Die herzlichen Kontakte untereinander lassen zu wünschen übrig. Die Jugendlichen sind zu bedauern, dass sie meistens in Herrnhut bleiben müssen und dadurch entsteht die Gefahr der Horizontverengung, auch in geistlicher Hinsicht. Die meisten Arbeiter für die einzelnen Betriebe sind kaum interessiert für kirchliche Anliegen. Das sind bedrückende Sorgen und daher dringende Gebetsgegenstände. Ich vertrat immer die Meinung, dass eine Kirchgemeinde nur soviel tun kann, als sie zahlenmäßig selbst bewältigen kann. Darum waren es Höhepunkte in meinem Leben, wo ich mit geringsten Mitteln in Dauba und Tansania arbeiten konnte. Zum rechten Bau der Kirche Christi gehören Armut und Einfachheit. Trotzdem bin ich dankbar, dass wir hier sein können. Ich sehe darin die gnädige Führung Gottes, der mich auf dem weiten und abwechslungsreichen Arbeitsweg durch viele Gefahren und Anfechtungen bewahrte. Gibt es doch kein Gebot, von dem ich sagen könnte: da habe ich mich nicht schuldig gemacht. So rühme ich die große Gnade Gottes, die ich durch Jesus Christus auf Schritt und Tritt erfahren habe. Sein Wort war meines Fußes Leuchte und ein Licht auf meinem Wege!

Nachtrag zum Lebenslauf unseres Vaters Kurt Küchler:
Es war am vergangenen Sonnabend, dem 14. September, als nach einem unruhigen und qualvollen Vormittag der Tod unseren Vater sanft und beinahe unmerklich hinüberholte. Unsere Mutter und zwei seiner Kinder, Luise und Heinz, durften in diesem Augenblick bei ihm sitzen und seine Hände halten.
Wir hatten in den letzten 5 Jahren innerlich schon oft von ihm Abschied genommen. Sein Leben war seit dem Sommer 1991 von Krankheit und oft schmerzlichen Leiden geprägt. Zwischendurch

gab es immer wieder einmal Lichtblicke, die es ihm etwa auch erlaubten, sich wieder in den schönen Witwenhausgarten zu setzen. Dort liebte er besonders die weit ausladende Blutbuche, die er auch von seinem Krankenlager aus sehen konnte. In diesem Jahr war es ihm leider nicht mehr vergönnt, sich darunter zu setzen. Die tägliche Pflege in diesen oft schweren fünf Jahren hatte hauptsächlich unsere Mutter geleistet. Wir fünf Geschwister unterstützten sie dabei reihum. Besonders aber unsere jüngste Schwester Sabine, die immer wieder in ihrer freien Zeit die Fahrt aus Berlin auf sich nahm.

Wohltuend aber war gerade in dieser Zeit auch die tragende Kraft einer Gemeinde und einer guten Hausgemeinschaft. Und nicht unerwähnt bleiben darf die Betreuung durch Ärzte und Schwestern, die immer zur Stelle waren, wenn es wieder kritisch war.

Wir erlebten unseren Vater natürlich auch als Familienvater, was aus dem eigenen Lebensbericht nicht so hervorgeht. Zusammen mit unserer Mutter ermöglichte er uns Kindern eine gute Ausbildung. Dazu gehört auch die Musik. Er leitete uns zu vielfältigen praktischen Tätigkeiten an, die in den 50er und 60er Jahren noch existenznotwendig waren. Der Garten gehörte da zum Pflichtprogramm. Unsere Eltern machten mit uns drei jüngeren Geschwistern auch jedes Jahr eine ausgedehnte und unvergessliche Urlaubsfahrt, oft unter denkbar einfachen Bedingungen. Zu diesen Fahrten gehörte die Besichtigung von Baudenkmälern und Museen. Immer beteiligten sie uns auch aktiv am Gemeindeleben, besonders seit 1962 in Ebersdorf. Das hat schließlich zum Teil unsere beruflichen Entscheidungen beeinflusst, wenigstens jedoch das ehrenamtliche Engagement in der Gemeine.

Unser Vater hat es sich - wie er es unserer Schwester Sabine erst kürzlich gestand - im Leben oft zu schwer gemacht. Er hat es sich auch nicht leicht mit unserer Familie gemacht. Aber es waren vielleicht auch die Widersprüche fast eines ganzen

Jahrhunderts, die sein Leben mitbestimmt haben. Wer sollte da unbeschadet davonkommen?

Wir sind unserem Vater dankbar, dass er, zusammen mit unserer Mutter, in allen wechselvollen Zeiten zu uns gehalten und gestanden hat. Seine Leidenszeit war für uns eine besondere Lebensschule und eine Glaubensprüfung. Sein Ende kam gnädig. Für uns alle der Anfang eines neuen Lebensabschnittes, besonders für unsere Mutter, die 58 gemeinsame Jahre mit ihm verbringen und wirken durfte.

Viele seiner Wünsche gingen nicht in Erfüllung. So manches blieb Sehnsucht. Zu oft war sein Leben fremdbestimmt, vor allem in den besten Lebensjahren.

Aber was hier unerfüllt bleibt, will Gott in seiner Gnade zur Vollendung bringen. Das war seine, das ist unsere Zuversicht.

Seine Kinder Luise, Hilde, die Zwillinge Eva und Heinz, Sabine
Herrnhut, 15.9.1996

32. Sigrid Nippold 1912 - 1999

O dass ich tausend Zungen hätte
Und einen tausendfachen Mund,
So stimmt ich damit um die Wette
Vom allertiefsten Herzensgrund
Ein Loblied nach dem andern an
Von dem, was Gott an mir getan.

Wenn ich heute als 82-jährige Frau auf mein Leben zurückblicke,
so gibt es freilich manches, was ich mir in jüngeren Jahren
anders gewünscht hätte. Aber heute weiß ich, dass Gott es immer
gut gemacht hat, auch in dem, was Er mir nicht gegeben hat. Ich
weiß, dass Er mir Seine Güte und Liebe stets geschenkt hat. Im
Rückblick auf mein Leben möchte ich nun das niederschreiben,
wofür ich Ihm besonders dankbar bin.

Das ist zunächst meine tapfere, gute Mutter, von der mein Vater,
als sie 26 Jahre alt war, im 1. Weltkrieg von Gott heimgerufen
wurde. Sie stand nun mit vier kleinen Kindern allein da.

Ich war damals 4 Jahre alt. Am 22. Januar 1912 geboren, war
ich das älteste von uns vier Kindern. Meine Mutter wollte uns
eine gute Schulbildung, später auch eine gute Berufsausbildung
ermöglichen. Sie musste also nun Geld verdienen.

Darum verließ sie mit uns die schlesische Heimat und zog nach
Gotha in Thüringen, um wieder Lehrerin sein zu können, wie sie
es in ganz jungen Jahren schon einmal kurz gewesen war. Gott
legte Segen auf ihre Arbeit, und wir konnten tatsächlich das
Gymnasium und später die Universität besuchen.

Zu Hause erzog meine Mutter uns ganz im Sinn der Herrnhuter
Brüdergemeine, der meine Familie seit Generationen angehört.
Da wir aber in Gotha immer stärker in der lutherischen
Landeskirche heimisch wurden, stand Jesus in unserem
Glaubensleben nicht so stark im Mittelpunkt, wie das wohl in
einer Brüdergemeine der Fall gewesen wäre, wenn wir dort gelebt
hätten. Wir fühlten uns wohl in dieser lutherischen Gemeinde.

Ich hatte einen himmlischen Vater, der mir das Leben geschenkt hatte, der mich liebte, mich behütete und mir das gab, was ich brauchte. Aber ich brauchte eben vor allem Jesus, und das wollte mir Gott in meinem langen Leben langsam, aber sehr deutlich zeigen.

Da war ein Pfarrer in Gotha, der an mich einst im Konfirmandenunterricht eine seltsame Frage richtete: " Was willst du eigentlich werden, Sigrid, Schauspielerin oder Nonne?" Ich wusste zunächst nichts mit dieser Frage anzufangen, erst später, als er mir das von ihm ausgesuchte Bibelwort als Konfirmationsspruch gab, wurde mir seine Frage etwas klarer. Das Wort aus der Offenbarung des Johannes hieß: „Siehe, ich komme bald, halte, was du hast, dass niemand deine Krone nehme".

Er war besorgt um mein ewiges Heil. Er hatte Angst, ich könnte mich zu sehr am Irdischen festklammern.

Die Konfirmation selbst beeindruckte mich nicht sehr, dafür aber der erste Abendmahlsgang gleich nach der Konfirmation. Er machte einen ganz tiefen Eindruck auf mich. Es war mir, als stünde Jesus selbst ganz dicht hinter mir und legte seine Hand auf meine Schulter. Er wollte mir damit sagen: "Nun gehörst du ganz zu mir, ich lasse dich nicht mehr los."

Ein nächster Meilenstein auf dem Weg unter Gottes Führung wurde Gnadau. Nach einem Philologiestudium kam ich als Lehrerin und Erzieherin dorthin. Nun lebte ich zum ersten Male in einer Brüdergemeine. Ich konnte alle Versammlungen fast regelmäßig besuchen und lernte sie leben, ganz besonders die Feier des Heiligen Abendmahls.

Durch die Auseinandersetzung mit dem Nationalsozialismus wurde freilich die Gnadauer Zeit manchmal auch recht schwer für mich. Mein Direktor, Bruder Rudolf Steinberg, hatte mich als die zunächst jüngste Lehrerin und Erzieherin gebeten, die Jungmädelgruppe zu übernehmen. Er wollte auf diese Weise das nationalsozialistische Gedankengut von den ihm anvertrauten Schützlingen fernhalten. Ich übernahm diese Aufgabe zunächst ganz gern, da ich dabei verhältnismäßig selbstständig arbeiten und meine eigenen Ideen einbringen konnte. Dann aber kam die Auseinandersetzung.

Ich musste an einem sogenannten "Lehrgang für Jugend-führerinnen" teilnehmen und war bei diesem Lehrgang nur mit jungen Mädchen zusammen, die nichts vom christlichen Glauben hielten. In unserem Schlafsaal gab es zwei Mädchen, die abends ganz hässlich und voller Spott eines unserer besten Kirchenlieder "Jesus, meine Zuversicht" umdichteten und sangen. Sie wollten mich damit herausfordern. Aber ich schwieg. Ich hatte Angst vor ihnen.

Da wurde eines Nachmittags ein Vortrag über die Feste im Ablauf des Jahres gehalten. Der christliche Gehalt der Feste wurde gänzlich geleugnet. Da wusste ich plötzlich: "Du darfst nicht mehr schweigen!" Ich konnte nach dem Vortrag sagen, laut, sogar freudig: "Ich stehe bewusst hinter meinem christlichen Glauben und damit auch hinter allen christlichen Festen!" Die Antwort der beiden Leiterinnen war: "Wir haben auch nichts anderes erwartet, als dass du das jetzt sagen würdest." Am Abend vor dem Schlafen fingen die beiden Mädel wieder mit der hässlichen Umdichtung des Kirchenliedes an, aber ehe ich etwas sagen konnte, da wehrte ein anderes Mädchen ihnen: "Ihr wisst nun, dass die Sigrid so etwas nicht hören will, sie glaubt doch." Ich habe aus dem ganzen Vorfall erkannt: Zum Glauben gehört ein frohes Bekenntnis. Das hatte mir Gott gezeigt.

Warum ging ich dann eigentlich nach 12 Jahren Tätigkeit in Gnadau, wo ich auch den Krieg von Anfang bis Ende miterlebt hatte, nach Gotha zurück? Eines Nachts, nicht im Traum, hatte Gott mir deutlich gezeigt: Deine Mutter braucht dich! Sie lebte allein in Gotha und wartete dort auf die Rückkehr meines einzigen Bruders aus der eingeschlossenen Festung Dünkirchen. Meine beiden jüngeren Geschwister waren inzwischen heimgerufen worden.

Ich habe damals gelernt, dass es leichter ist, unter einer größeren Gruppe von Menschen zu leben, als unter nächsten Angehörigen, die oft ziemlich genau Bescheid wissen über Fehler und Schwächen, die man an sich hat.

In Gnadau hatte ich mit meinem Wirken viel Anerkennung gefunden; der Herr wollte, dass ich mich nun auch im kleinen Kreis von Angehörigen bewähren sollte. Heute weiß ich, dass Er mich vor allem vor Hochmut bewahren wollte. Freilich, meine Mitarbeiter zollten mir auch manche Anerkennung, aber zu Hause fand ich sie keineswegs immer, mit Recht. Als meine Mutter heimgegangen war, wusste ich, dass ich ihr vieles schuldig geblieben war.

Da schenkte mir Gott in Seiner Güte in späten Jahren meinen Mann, der schon alt und fast blind war und Betreuung und Zuwendung brauchte. Ich dachte, Gott will nur helfen, manches, was ich an meiner Mutter versäumt hatte, an ihm ein klein wenig wieder gut zu machen. Wir hatten noch eine zwar kurze, aber sehr intensive Zeit des Zusammenseins. Wie war ich Gott dankbar für diese Zeit!

Ebenso dankbar war ich Ihm, dass Er meinem einzigen Bruder, auch im fortgeschrittenen Alter, noch eine gläubige, opferbereite Frau zuführte, später beiden noch zwei Töchter schenkte.

Und dann kam Ebersdorf, wohl als letzte Station auf meinem Lebensweg. Mich hatte ein nicht ganz leichtes rheumatisches Leiden befallen. Der Arzt meinte, dass ich dieses Leiden nicht wieder loswerden würde. Da ging ich nach Ebersdorf ins Altenheim "Emmaus". Dort wurde wunderbarerweise dieses Leiden sehr bald von mir genommen und es hat sich nicht wieder eingestellt.

Hier in Ebersdorf berührten mich manche der täglichen Morgenandachten ganz tief. Dann durfte ich selbst zum ersten Mal eine Morgenandacht halten, bald darauf ganz regelmäßig und auch jetzt noch ab und zu. Ich durfte auch Singstunden zusammenstellen. Beides hatte zur Voraussetzung, dass ich mich viel mehr in meine Bibel vertiefte als je zuvor. Ich fing auch an, sie ganz anders zu lesen. Ich versuchte, nichts mehr mit meinem Verstand wegzuerklären und las sie als das lebendige Wort

Gottes. Ich besuchte mit immer größerer Freude unsere Predigtversammlungen. Ja, ich konnte mich sogar einem Gebetskreis anschließen, was vorher nie der Fall gewesen war. Jesus wurde mir immer größer als mein Heiland und Erlöser und ich erkannte, wie sehr ich ihn brauchte. Wie hat mich Gott durch das alles so glücklich und reich gemacht! Ich weiß, dass ich noch keineswegs vollendet bin. Aber Er, mein Herr und mein Heiland, wird mich am Ende meines irdischen Lebens vollenden und in Seine himmlische Herrlichkeit führen. Ihm sei Lob, Preis und Dank! Ich schließe mit einem Vers, den ich zum ersten Male als kleines Mädchen in der "Kleinen Christnacht" in der Brüdergemeine Neudietendorf betete:
Ich will nicht kleine Gaben,
Du Gotteskind, von dir.
Dich selber will ich haben
Und bitten, dass auch mir
Du magst geboren heißen,
Der Welt und Sünde mich
Auf ewiglich entreißen
Und ziehen ganz an dich.

Ebersdorf, September 1994

33. Martha Hermsdorf 1918 - 1991

Am 18. Dezember 1908 wurde ich in Noßwitz bei Rochlitz in Sachsen geboren. Meine Eltern hatten ein Bauerngut mit 36 Hektar Ackerland. Aus der ersten Ehe meines Vaters waren sechs Geschwister da, vier Brüder und zwei Schwestern. In der zweiten Ehe wurden noch einmal drei Kinder geboren, ein Junge, zwei Mädchen, davon war ich die Jüngste.

Bei Ausbruch des Ersten Weltkrieges wurden alle vier Brüder eingezogen. Auch von den drei Pferden mussten zwei in den Krieg. Mein Vater musste sich umstellen auf einen ihm zugewiesenen Landarbeiter und, was das schlimmste war, auf Ochsenbetrieb und -tempo. Das kostete ihn viel Nervenkraft. Wenn ich auch mit meinen noch nicht sechs Jahren diese Situation nicht richtig erfassen konnte, so legte sich doch, wenn ich Mama und die Schwestern weinen sagt, die Last auch auf mein Gemüt. Später machten meine Mutter und die großen Schwestern oft Päckchen fertig für die Soldaten und wir drei Kleinen mussten sie dann mit einem Wägelchen in den Nachbarort zur Poststelle bringen. Dankbar waren wir dann alle, wenn Post kam, dass alles gut angekommen war. Wir drei Kleinen waren besonders erfreut, wenn für uns eine schöne durchsichtige Ansichtskarte dabei lag. Groß war die Freude, wenn einer der Brüder zu Besuch kam, den Vater unterstützen konnte und wir die Brüder gesund bei uns hatten.

Durch Gottes Gnade und Bewahrung kamen alle vier Brüder nach Kriegsende, wenn auch der oder jener mit leichter Verletzung, so nach und nach wieder heim. Der Jüngste war mit noch einem Kameraden verschüttet gewesen und hatte dabei einen Nervenschock erlitten, an dem er noch lange, als er schon zu Hause war, zu leiden hatte.

Es dauerte nicht lange, da heirateten die Geschwister und einer nach dem anderen ging aus dem Hause. Nur eine Schwester lebte noch zu Hause und machte die Innenwirtschaft, weil es der Mutter gesundheitlich nicht gut ging.

Am Palmsonntag 1923 wurde ich in der St. Petrikirche in Rochlitz konfirmiert. Mein Konfirmationsspruch: Römer 12, 12: „Seid fröhlich in Hoffnung, geduldig in Trübsal, haltet an am Gebet". Meine liebe Mutter konnte bei meiner Konfirmationsfeier nicht dabei sein. Wenige Wochen darauf am 4. Juni wurde sie heimgerufen. Als mein Vater und fast alle Kinder an ihrem Sterbelager standen und der älteste Bruder, auch im Namen seiner Geschwister, sich für die erfahrene Mutterliebe bedankte, hat sie nur leicht mit dem Kopf genickt und gesagt: „Es ist schon gut, kümmert euch dafür auch um die drei Kleinen und lasst sie nicht im Stich". Und sie fügte hinzu: „Vergesst das Kirchegehen nicht".

Ich besuchte dann noch ein Jahr lang die landwirtschaftliche Haushaltungsschule in Rochlitz. Sonst waren wir alle drei beim Vater beschäftigt. Es fiel uns das alles nicht allzu schwer, waren wir doch von klein auf an Arbeiten gewöhnt. Aber ich darf noch sagen, dass ich mit meinen beiden Geschwistern, mit Freundinnen und Freunden eine schöne und frohe Jugendzeit verleben durfte. Da mein Vater nun schon ziemlich betagt war, übernahm 1927 einer der Brüder das väterliche Gut. Inzwischen waren alle Geschwister verheiratet und hatten kleine landwirtschaftliche Anwesen. Nur ich blieb noch übrig, zum Leidwesen meiner Geschwister, die mich ja auch gern versorgt gewusst hätten. Aber, obwohl es mir nicht an Gelegenheiten fehlte, konnte ich mich nie zu einer Heirat entschließen. Wenn mir auch manchmal Bange werden wollte und ich mir Gedanken machte, was denn einmal mit mir wird, wenn ich älter werde, blieb ich doch in froher Zuversicht und bat auch darum, dass Gott schon einen Platz für mich haben wird.

In den folgenden Jahren wurde ich dringend in den Haushalten einiger meiner Geschwister gebraucht. Vater war 1935 gestorben.

1943 fiel einer meiner Brüder im Krieg. Das war für die ganze Familie sehr schmerzlich.

Während der Jahre 1950 - 58 wurde ich vom Arzt wegen Rheuma dreimal in verschiedene Bäder zur Kur geschickt. Ich sehe es als Gottes Fügung an, dass ich jedes Mal mit gläubigen Frauen in ein Zimmer kam. Wir gingen sonntags zum Gottesdienst und auch sonst hat unser Zusammenleben viel zu meiner Glaubens- vertiefung beigetragen. Von dieser Zeit an hielt ich mich dann auch zur landeskirchlichen Gemeinschaft in Rochlitz. Fast eine Stunde Wegstrecke hatte ich immer zu den Versammlungen zurückzulegen. Aber mein Moped hat mich da gut und schnell hin und her gebracht. An geeigneter Stelle legte ich auch ein Sündenbekenntnis ab und konnte froher und gelöster zu meinem Heiland aufschauen. Ich war wie neugeboren, ich war Gottes Kind! Das soll aber nicht heißen, dass ich ein makelloser Mensch war. Nein, es gab viele Anfechtungen, viele Niederlagen. Das hat mich oft traurig gemacht. Und dies haben noch hier in Ebersdorf manche erfahren müssen, mit denen ich näher verbunden war, dass es mir im Umgang mit Menschen oft an Geduld, an mehr Freundlichkeit, ja Liebe fehlte. Wie erleichtert war ich da, wenn ich Abbitte tun konnte und vor allem auch immer wieder zu meinem Vater im Himmel kommen durfte so wie ich war, in meiner Schwachheit und Schuld.

Die Zeit blieb nicht stehen und so kam auch in Noßwitz die Veränderung in der Landwirtschaft. Die LPGen wurden gegründet und ich habe noch eine kleine Zeit dort mitgemacht. Dann ging ich zwei Jahre lang nach Rochlitz in eine Papierfabrik. Das war eine große Umstellung für mich und ich hatte anderes im Sinn. In diese Zeit fielen zwei schwere Schicksalsschläge für unsere Familie. Mein Neffe verlor seine Frau und kurz nach seiner Wiederverheiratung auch die zweite Frau, sodass von zwei Jungen, der erste zweieinhalb Jahre alt, der Kleine neugeboren, keiner eine Mutter hatte. Das waren schwere traurige Tage und

Zeiten. Manches fürbittende, hilfesuchende Gebet ist da zum Himmel gestiegen.

164 ging ich nach Bad Elster in das große orthopädische Krankenhaus der Inneren Mission und arbeitete dort neun Jahre lang in der Küche. Wir hatten dort immer ein gutes Miteinander. Manche schöne Erinnerung aus dieser Zeit ist mir bis heute geblieben. An freien Tagen konnte ich ja auch die schönen Anlagen dort und die Waldwege genießen.

Doch, inzwischen ins Rentenalter gekommen, wurde mir die Arbeit dort zu schwer. Nach Noßwitz wollte ich nicht wieder, meine Schwester dort war auch gestorben, so meldete ich mich im Altersheim in Hüttengrund bei Hohenstein-Ernstthal an, um nicht gar zu weit von der Heimat entfernt zu sein. Doch es wollte oder sollte dort nicht klappen. So kam ich, das muss ich immer wieder betonen, durch Gottes Fügung nach Ebersdorf, am 8. September 1975. Ich war gekommen, um noch einen Dienst im Hause zu übernehmen, die Gästebetreuung. An meinen neuen Dienst gewöhnte ich mich schnell, es gab manchmal ganz schön zu tun! Meine Vorgängerinnen in diesem Dienst unterstützten mich treu. Viele und mancherlei Menschen habe ich kennengelernt. Manchmal hatte ich auch die Möglichkeit, mit einem der Gäste eine kleine Fahrt in die Umgebung zu machen. In all den Jahren gab es im Hause viele bauliche Veränderungen und Verbesserungen, oft mit viel Schmutz und Mühe verbunden. Ich konnte mich da immer mitfreuen, wenn wieder etwas schön und neu geworden war, oft ja auch zu Arbeitserleichterungen diente. 1978 wurde ich mit noch einigen Geschwistern in die Brüdergemeine aufgenommen, weil ich mich dort wohl und zu Hause fühlte. Auch die täglichen Morgenandachten im Haus habe ich ungern versäumt. Ganz gleich, wer sie hielt, jeder war bemüht auf seine Art, uns Gottes Wort zu sagen, um gestärkt und gesegnet in und durch den Tag gehen zu können. Für all das kann ich nur dankbar sein. Ebenso für all die lieben Menschen, die uns hier im Hause betreuen.

1985 löste mich Schwester Else Rösch in meinem Dienst der Gästebetreuung ab.

Vor schweren Krankheiten bin ich soweit bewahrt geblieben, bis auf eine Blinddarmoperation. Doch schon seit bald 20 Jahren macht mir die Zuckerkrankheit zu schaffen. Meine Geschwister sind inzwischen alle verstorben, Verbindung habe ich hauptsächlich noch mit meinen beiden Großneffen und deren Familien. Nun warte ich, dass auch mein Abruf kommt. Wir wissen alle nicht, wann das sein wird, aber alle haben wir wohl das Verlangen nach einem sanften, gnädigen Heimgang. Wollen wir Gott bitten, dass er uns Kraft zum Annehmen und Ertragen schenkt, wenn er es anders für uns bestimmt hat. Unser Posaunenchor, der uns manches Geburtstagsständchen gebracht hat, wird unseren kleinen Zug hinausbegleiten zum Gottesacker. Ich bete oftmals - wenn ich Kraft habe, singe ich lieber - die fünfte Strophe aus dem Lied „Bei dir, Jesu, will ich bleiben". Sie lautet:

„Bleib mir nah auf dieser Erden,
bleib auch, wenn mein Tag sich neigt,
wenn es nun will Abend werden
und die Nacht hernieder steigt,
lege segnend dann die Hände
mir aufs müde, schwache Haut,
sprich: Mein Kind, hier geht's zu Ende,
aber dort lebt, wer hier glaubt."